教孩子挫折，從故事講起

虛擬性困難×激勵性困難×保護性困難

不經一「事」不長一智，
受到打擊也會馬上爬起！

方佳蓉，陳添富 編著

蹲下來用孩子的高度看世界
慢下來用孩子的語言說故事

家長不用擺臉色，孩子也會更出色
讀懂孩子的問題，也讓孩子聽懂你的道理

目錄

目錄

目錄

前言

「蹲下身來」從孩子的高度去看外界事物，你才會真正讀懂孩子並找到最有效的教子方法。

如果說人生是一首優美的樂曲，那麼痛苦則是其中一個不可缺少的音符；如果說人生是一望無際的大海，那麼挫折則是一個驟然翻起的浪花；如果說人生是湛藍的天空，那麼失意則是一朵漂浮的白雲。沒有痛苦磨練的孩子，沒有挫折錘鍊的孩子，沒有失意打磨的孩子，是演奏不出天籟之音，體會不到大海的博大，翱翔不了天空的蔚藍的。

孩子們常常會因為痛苦而唱著哀傷、因為挫折而滯留不前、因為失意而不見希望，當孩子的成長有痛苦的音符時，不妨用一個快樂的故事，告訴他們用堅強去譜寫一首命運交響樂。當孩子的成長有挫折的浪花時，不妨用一個乘風破浪的故事，告訴他們用樂觀去衝刺成功的終點。當孩子的成功有失意的雲朵時，不妨用一個風雨任平生的故事，告訴他們用達觀去點燃希望的火花。因為痛苦、挫折、失意不會讓我們貶值而會讓我們增值。

在一次討論會上，有名演說家沒說一句開場白，手裡卻高舉著一張 20 美元的鈔票。面對會議室裡的 200 個人，他問：「誰要這 20 美元？」一隻手舉了起來。

前言

演說家接著說：「我打算把這 20 美元送給你們中的一位，但在這之前，請准許我做一件事。」他說著將鈔票揉成一團，然後說：「誰還要？」仍有人舉手。

演說家又說：「那麼假如我這樣做又會怎樣呢？」他把鈔票扔在地上，又踩上一腳，並且用腳碾它。爾後他拾起鈔票，鈔票已變得又髒又皺。「現在誰還要？」還是有人舉手。

「朋友們，你們已經上了一堂很有意義的課。無論我如何對待這張鈔票，你們還是想要它，因為它並沒有貶值，它依舊值 20 美元。

在人生道路上，我們會無數次被自己的決定或碰到的逆境擊倒、欺凌甚至碾得粉身碎骨。我們覺得自己似乎一文不值，但無論發生什麼，或將要發生什麼，在價值眼中，你們永遠不會貶值。生命的價值不取決於我們的所作所為，也不依仗我們結交的人物，而是取決於我們本身！你們是增值的 —— 永遠不要忘記這一點！」

生命的價值取決於我們自身，除了自己，沒有任何人能讓我們貶值，不論我們出身如何、逆境如何，人生的價值都不會因此而改變，恰恰因為我們用堅強、樂觀去面對艱難與挫折，人生才得以升值。

本書列舉了十幾種容易遭受挫折的孩子，用近兩百個意味深長的小故事結合編者自身的「育女心經」，讓孩子們從故事

裡走出痛苦的陰影，越過挫折的雷池，不再畏懼艱難與挫折，
收獲一種不一樣的人生。

編者

前言

第一章
大海裡沒有一帆風順的船

還記得《喜羊羊與灰太狼》的內容嗎？

你是否問過孩子：喜洋洋或灰太狼給予他們什麼啟發了嗎？

如果沒問，不妨現在就問問孩子是否還記得蝸牛世界那場前所未有的大災難，面對灰太狼領軍的黑牛國重重包圍時，危在旦夕的白牛國和喜羊羊是怎麼突出重圍的？是否還記得屢戰屢敗，屢敗屢戰的灰太狼，為了紅太狼和小灰灰，再次出擊，是否吃到了久違的「羊肉串」？

▌人生之旅多坎坷

我們先將《喜羊羊與灰太狼之牛氣沖天》做一次精彩重播：

春回大地，恰逢慢羊羊村長 100 週年慶典。慢羊羊的坐騎老蝸牛突然病倒，經過檢查，村長感到如臨大敵，打算潛入蝸牛身上消滅引起這個病變的病毒。小羊們覺得危險，要代替村長前往蝸牛的身體上消滅病毒。沒想到被灰太狼偷聽到，也溜進了蝸牛體內捉小羊。

喜羊羊、沸羊羊、懶洋洋和美羊羊到了蝸牛的兩隻觸角上。喜羊羊和美羊羊還沒搞清楚這是個什麼地方，就被白菌（白牛）士兵強行徵召入伍當兵。而且沒經過新兵訓練，就直接拉到戰火連天的前線。

在軍營內得知，這是個位於蝸牛觸角上的細菌國度 —— 白牛國。最近蝸牛世界不再平靜，終日發生地震。國王斷定是處在另一隻觸角上的黑牛王國搞的鬼，為了消滅邪惡的黑牛國，制止這場細菌感染，白牛國徵集了全國兵力，發動了戰爭。得知大家的目的一致，喜羊羊參加了白牛國的軍隊，一同和黑牛國的細菌作戰。

兩國在國境線上擺開戰場，喜羊羊發現黑牛國的領軍竟然是灰太狼，而且造出坦克和飛機，白牛國全軍潰敗，被重重包圍。

喜羊羊帶來的通訊器一直沒有訊號，為了和村長取得聯絡，喜羊羊要經過危險禁地 —— 漩渦黑森林，這裡菌跡罕至，

一旦進入就九死一生。但喜羊羊還是毅然出發，經過長途跋涉，在即將到達森林出口的時候，不幸遇上了神祕的細菌蠻族，雖然喜羊羊逃了出來，可是通訊器卻落入蠻族手中。灰太狼又見風轉舵成為細菌蠻族的軍師，造出許多控制細菌的控制器，想一舉消滅黑牛國和白牛國，事成之後，兩國細菌歸蠻族，而小羊則由灰太狼享用。

浩浩蕩蕩的蠻族細菌大軍將兩國包圍得水泄不通，並揚言要將兩國細菌都作為他們的食糧。兩個國王都萬萬想不到，一向溫順、與世無爭的蠻族細菌竟然就是引致這個世界病變的真正根源。

正當灰太狼得意之時，沒想到自己也要被黃牛蠻族細菌大王吃掉。

喜羊羊為救眾人，與細菌蠻族展開生死大戰，最後更不顧個人安危救回小灰灰，令灰太狼答應以後再也不吃一根羊毛。

最後，蝸牛終於恢復健康，小羊們和灰太狼夫婦也回到草原上，但灰太狼卻在慶功宴上反悔，並表示自己沒有違背誓約——一根羊毛也不吃，那可是剝了皮再吃！不料喜羊羊卻早有準備，反制住灰太狼。其他小羊憤怒地要把灰太狼消滅時，喜羊羊卻把他們放走，因為，世間萬物自有他存在的道理，不能輕言消滅。青青草原上，羊和狼的歡樂故事還將永遠繼續。

重播完畢，問問孩子想到了什麼呢？

是想成為喜羊羊那樣聰明型的孩子，在挫折面前泰然自若，鎮定應對，還是想成為灰太狼那樣可愛型的孩子，在挫折面前永不言棄呢？不過不管想成為誰，都得先讓孩子認識挫折和困難。

沒有誰樂意接受苦難，接受挫折，但人生之旅是坎坷的，苦難、挫折常伴我們的左右。樂觀、勇敢的喜羊羊時刻都有被灰太狼吃掉的可能，而頑強、執著的灰太狼也有挨餓的時候。

小竅門：如何引導易受傷、易受挫的孩子？

逆境並不意味著你是一個失敗者，
而是意味著你還沒有成功。
逆境並不意味著你一事無成，
而是意味著你學到了教訓。
逆境並不意味著你是一個笨蛋，
而是意味著你開始擁有堅定的信念。
逆境並不意味著你蒙受了羞辱，
而是意味著你從此更加奮發努力。
逆境並不意味著你處境被動，
而是意味著你必須採取不同的方式。
逆境並不意味著你已不可救藥，
而是意味著你已意識到自己並不完美。
逆境並不意味著你浪費了生命，
而是意味著你有理由重新開始。
逆境並不意味著你應該放棄，

而是意味著你必須更加努力。
逆境並不意味著你將永遠不會成功，
而是意味著成功還需要一點點時間。
逆境並不意味著上天已經拋棄了你，
而是意味著上天給了你一個更好的主意！

從「最倒楣的人」談起

玲玲是一個聰明、可愛的五歲女孩，在家裡、在幼稚園，都深受大人喜愛。有一回班上舉辦歌唱比賽，玲玲居然連第三名也沒有拿到。緊接著，在畫畫比賽中，她再次無緣前三。從來都是作為「勝利者」、飽受讚揚的玲玲，這兩次敗北可受傷了，她難過得連飯都吃不下，爸爸媽媽道理講了一籮筐，可還是無法讓玲玲釋然。這該怎麼辦呢？

也許，將下面這個《最倒楣的人》的小故事講給玲玲聽，會比單純用大道理進行說教效果要好得多。

有一個很倒楣的人，前半生幾乎事事不順，受盡了坎坷。

以下就是這個「倒楣蛋」的倒楣經歷：

1816 年　他的家人被趕出了居住的地方，他必須工作以撫養他們。

1831 年　經商失敗。

1832 年　競選州議員 —— 但落選了！

1832 年　工作也丟了 —— 想就讀法學院，可是進不去。

1833 年 向朋友借錢經商，但年底就破產了，接下來他用 17 年才把債還清。

1834 年 再次競選州議員 —— 贏了！

1835 年 快結婚時，戀人卻死了，因此他的心也碎了！

1836 年 精神完全崩潰，臥病在床 6 個月。

1838 年 爭取成為州議員的發言人 —— 沒有成功。

1840 年 爭取成為議員選舉人 —— 失敗了！

1843 年 參加國會議員大選 —— 落選了！

1846 年 再次參加國會議員大選 —— 這次當選了！前往華盛頓特區，表現可圈可點。

1848 年 尋求國會議員連任 —— 失敗了！

1849 年 想在自己的州內擔任土地局長的工作 —— 被拒絕了！

1854 年 競選美國參議員 —— 落選了！

1856 年 在黨的全國代表大會上爭取副總統的提名 —— 得票不到 100 張。

1858 年 再度競選美國參議員 —— 又再度落敗。

1860 年 當選美國總統。

原來，這個「倒楣蛋」是美國歷史上鼎鼎有名的林肯總統！

那麼，林肯總統又是如何回顧他前半生的坎坷呢？他這樣說：「此路破敗不堪又容易滑倒。我一隻腳滑了一跤，另一隻腳也因而站不穩，但我告訴自己，『這不過是滑一跤，並不是死掉爬不起來了』。」

看到這裡，和玲玲一樣受了點小打擊、小挫折的小朋友們，你們還有理由鬧脾氣嗎？

▍備選故事任你挑

100 多年前，當有人用極其尊敬的口吻問盧梭（Jean-Jacques Rousseau）畢業於哪所名校時，盧梭的回答出人意料且引人深思：「我在學校裡接收過教育，但最讓我獲益匪淺的學校叫『逆境』。」原來，是逆境成就了偉大的盧梭。

受傷的船

沒有風平浪靜的大海，也沒有不受傷的船隻。法國作家羅曼·羅蘭（Romain Rolland）說過：「累累創傷，就是生命給你最好的東西，因為每個創傷上面都象徵著前進的一步。」孩子一旦了解挫折，就不會因為一根手指受傷而放棄整隻手，因為受傷一時而失去一生的奮鬥。

孩子的每一個創傷都是前進一步的象徵，都是成功路上的一個印記，創傷越多，終點成功的鐘聲就越響。

有著悠久造船歷史的西班牙港口城市巴塞隆納，有一家著名的造船廠，它已經有一千多年的歷史。這家造船廠從建廠的那天起就立了一個規矩：所有從造船廠出去的船舶都要造一個小模型留在廠裡，並把這艘船出廠後的命運由專人刻在模型上。廠裡有房間專門用來陳列船舶模型。因為歷史悠久，所以船舶的數量不斷增加，陳列室也逐步擴大。從最初的一間小房子變成了現在造船廠裡最宏偉的建築，裡面陳列著將近 10 萬艘船舶模型。

所有走進這個陳列室的人都會被那些船舶上面雕刻的文字所震撼。

有一艘名字叫「西班牙公主」的船舶模型上雕刻的文字是這樣的：本船共計航海 50 年，其中 11 次遭遇冰川，有 6 次遭海盜搶掠，有 9 次與船舶相撞，有 21 次發生故障拋錨擱淺。

每一個模型上都是這樣的文字，詳細記錄著該船經歷的風風雨雨。在陳列館最裡面的一面牆上，是對上千年來造船廠所有出廠船舶的概述：

造船廠出廠的近 10 萬艘船舶當中，有 6,000 艘在大海中沉沒，有 9,000 艘因為受損嚴重不能再進行修復航行，有 6 萬艘船舶遭遇過 20 次以上大災難，沒有一艘船舶沒有受傷的經歷……

人生之旅如同在大海上的航行，大海裡沒有不受傷的船，有競爭就會有輸贏，誰都不可能永遠是贏家，也不可能一直輸。如果我們因為一時的輸贏而選擇逃避競爭、躲避風雨，就會被競爭甩掉、被風雨淹沒。

一個成功的失敗者

雖然每一個家長都希望自己的孩子從小到大都是樣樣頂尖，春風得意地從一個成功走向另一個成功，但現實生活中幾乎不會出現這樣的「成功」。相反，更多的孩子是在平凡甚至「失敗」的泥潭中度過一天又一天。

　　如果你的孩子沒有什麼值得你稱讚的，請你不必氣餒。不但自己不要氣餒，還要幫助孩子鼓起挑戰自我的勇氣。下面這個故事，你不妨講給自己的孩子聽一聽。

　　在外人看來，一個綽號叫史帕基的小男孩，他在學校裡的日子應該是難以忍受的。他讀小學時各門功課常常亮紅燈。到了中學時，他的物理成績通常都是零分，他成了所在學校有史以來物理成績最糟糕的學生。

　　史帕基在拉丁語、代數以及英語等科目上的表現同樣慘不忍睹，體育也不見得好多少。雖然他參加了學校的高爾夫球隊，但在賽季唯一一次重要比賽中，他輸得乾淨俐落。即使是在隨後為失敗者舉行的安慰賽中，他的表現也一塌糊塗。

　　在自己的整個成長時期，史帕基不擅言辭，社交場合從來就不見他的人影。這並不是說，其他人都不喜歡他或討厭他。事實是，在人家眼裡，他這個人壓根就不存在。如果有哪位同學在學校外主動向他問候一聲，他會受寵若驚並感動不已。

　　史帕基真是個無可救藥的失敗者。每個認識他的人都知道這一點，他本人也很清楚，然而他對自己的表現似乎並不十分在乎。從小到大，他只在乎一件事情 —— 畫畫。

　　他深信自己擁有不凡的畫畫才能，並為自己的作品深感自豪。但是，除了他本人以外，他的那些塗鴉之作從來沒有其他人看得上眼。上中學時，他向畢業年刊的編輯提交了幾幅漫畫，不過最終一幅也沒被採納。儘管有多次被退稿的痛苦經

歷，史帕基從未對自己的畫畫才能失去信心，他決心今後成為一名職業的漫畫家。

到了中學畢業那年，史帕基向當時的華特・迪士尼公司寫了一封自薦信。該公司讓他把漫畫作品寄來看看，同時規定了漫畫的主題。於是，史帕基開始為自己的前途奮鬥。他投入了巨大的精力與非常多的時間，以一絲不苟的態度完成了許多幅漫畫。然而，漫畫作品寄出後卻如石沉大海，最終迪士尼公司沒有錄用他 —— 失敗者再一次遭遇了失敗。

生活對史帕基來說只有黑夜。走投無路之際，他嘗試著用畫筆來描繪自己平淡無奇的人生經歷。他以漫畫語言講述自己灰暗的童年、不爭氣的青少年時光 —— 一個學業糟糕的不及格生、一個屢遭退稿的所謂藝術家、一個沒人注意的失敗者。他的畫也融入自己多年來對畫畫的執著追求和對生活的真實感受。

連他自己都沒想到，他所塑造的漫畫角色一炮而紅，連環漫畫《花生》（Peanuts）很快就風靡全世界。從他的畫筆下走出了一個名叫查理・布朗的小男孩，這也是一名失敗者：他的風箏從來就沒有飛起來過，他也從來沒踢好過一場足球，他的朋友一向叫他「木頭腦袋」。

熟悉小男孩史帕基的人都知道，這正是漫畫作者本人 —— 查爾斯・舒茲（Charles Schulz）—— 早年平庸生活的真實寫照。

誰敢斷言：你的孩子不是下一個史帕基呢？

紅蘿蔔、蛋和咖啡豆

一個女孩子在父親面前抱怨自己的生活，認為做什麼事都那麼難，而且好不容易解決了一個問題，新的問題馬上又出現了：在不停地抗爭與奮鬥中，女孩子對人生充滿了厭倦。

孩子的父親是一個廚師，便把抱怨的孩子帶進了廚房。父親先往三個鍋裡倒入一些水，然後把它們放在旺火上燒。不久，鍋裡的水燒開了，他往一個鍋裡放些紅蘿蔔，第二個鍋裡放顆雞蛋，最後一個鍋裡放入碾成粉末狀的咖啡豆。他將它們浸入開水中煮，一句話也沒有說。

女兒不耐煩地等待著，納悶父親在做什麼。大約 20 分鐘後，父親把火關了，把紅蘿蔔撈出來放入一個碗內，把蛋撈出來放入另一個碗內，然後又把咖啡舀到一個杯子裡。做完這些後，他才轉過身問女兒：「親愛的，妳看見什麼了？」

「紅蘿蔔、蛋和咖啡。」她回答。

父親讓她靠近些並讓她用手摸摸紅蘿蔔。她摸了摸，注意到它們變軟了，父親又讓女兒拿起蛋並打破它，將殼剝掉後，她看到的是顆煮熟的蛋。最後，他讓她喝了咖啡。品嚐到香濃的咖啡，女兒笑了。她問道：「爸爸，這意味著什麼？」

父親解釋說：「這三樣東西面臨同樣的逆境 —— 煮沸的開水，但其反應各不相同。紅蘿蔔入鍋之前是強壯的、結實的，毫不示弱；可進入開水之後，它變軟了，變弱了。蛋原來是易碎的，它薄薄的外殼保護著它呈液體的內臟；但是經開水一煮，

它的內臟變硬了。而粉狀咖啡豆則很獨特，進入沸水之後，它們反而影響與改變了水。」

「哪個是妳呢？」父親問女兒。「當逆境找上門來時，妳該如何反應？妳是紅蘿蔔，是蛋，還是咖啡豆？」

哪個是你呢？——這個問題你也可以拋給因挫折而處於迷惘或厭倦中的孩子。「孩子，你是變成了軟弱無力的紅蘿蔔，是內心原本可塑的蛋，還是改變了開水的咖啡豆呢？」

當你遭遇挫折時，如果你能奮起改變不利的局面，你的人生就會像一杯咖啡那樣香醇，令人回味無窮。

收起孩子的保護傘

一遇到困難與挫折，不少孩子第一反應就是尋求父母的幫助。而父母們呢？也自然而然地出手相助。「溫室裡的樹苗長不大」——父母都明白這個道理，但要怎樣才能讓孩子明白這個道理，讓孩子自動自發地去獨自面對困難呢？

這個故事也許能讓你的孩子有所觸動：

在山上有一朵不知名的小花，生長在一棵高大的松樹底下。小花覺得自己很幸運，因為大松樹就像是它的保護傘，為它遮風擋雨。小花每天都高枕無憂，快樂地享受著大松樹的庇護。

有一天，山上來了一群伐木工人，他們把那棵大松樹鋸倒了，然後很快就運下了山。失去了保護傘的小花，擔心起自己的未來。

它痛苦地說道：「人們奪去了我的保護傘，從此那些囂張的狂風會吹彎我的腰，傾盆大雨會把我的花瓣打碎、枝葉打散，我再也沒有好日子過了。」

此時，不遠處的另一棵樹對小花說：「不，孩子，你的好日子恰恰還在後頭呢！只要你換個角度想想，你就會發現沒有了大松樹的阻擋，陽光會照耀著你，雨水會滋潤著你，你弱小的身軀將會長得更加茁壯，你盛開的花瓣將一一呈現在燦爛的陽光下，當人們看到你的時候，會因為你的可愛而稱讚你，你就不會再是一朵無名的小花了。」

適時收起孩子們的保護傘，讓他們歷經狂風暴雨也好，沐浴陽光雨露也罷，都讓他自己去。給孩子們一些自由的空間，離開了傘的庇護，他們才會變得堅強，才會成長。

▌給家長的悄悄話

每個孩子都有一定的抗挫能力，抗挫能力的強弱，歸根結柢還是家長平時對孩子給予的挫折教育。綜合分析抗挫能力差的孩子發現，他們有以下五個方面的缺點：

- **性格軟弱，經不起風雨**：性格軟弱主要是孩子缺乏錘鍊，最終還是因為父母過分的溺愛所致。
- **缺少挫折經驗**：孩子從小就在保護傘的庇護下，沒有經歷什麼挫折，即便有也是父母幫忙解決了。

- **對挫折情境的敏感度過高**：有的孩子防衛心理太強，一點不順心的事也無限放大，主要的原因還是因為遭遇挫折的孩子缺乏父母的引導。
- **預見水準低**：絕大部分的父母都在盡量替孩子規避挫折、遮風擋雨，孩子對前路苦難會一無所知，過分地高估自己，一旦遇到問題後難以接受，這主要是由心理落差所導致。
- **體弱多病**：家長對於體弱多病的孩子往往會倍加關心，孩子缺乏主動性，當父母不在身旁時，體弱多病的孩子就更容易遭受挫折，在與別的孩子相比之下，孩子就會變得軟弱，甚至自卑。

那麼，該如何增強孩子的抗挫能力呢？

- **多給孩子遭遇挫折的機會**：如果父母永遠都將孩子置於自己的羽翼之下，幫他擋住傷害與失敗，那他就一直都不會知道如何在打擊到來時獨自承受。我們這時應該稍稍克制「想幫他一把」的衝動，給孩子一個了解挫折的機會。比如說：爬山的時候，帶孩子一起走在狹窄的山道上，山路坑坑窪窪，對一個孩子來說很難應付。但不必馬上拉起孩子的手，而是任由他們跌跌撞撞地走了一會兒，甚至看著他們差一點被小石子絆倒。也應該克制住「幫一把的衝動」。
- **少一點空洞的誇獎，多一點實質的疑問**：不要小看孩子們的判斷和思維能力。你可以對孩子說一百遍「你的畫是最

棒的」，或者告訴他：「你做什麼事都做得最好。」，實際上，即使年齡很小的孩子，也能知道自己到底什麼做的好、什麼不行。所以少一點空洞的誇獎，多一點實質的疑問。我們可以這樣問：「你覺得怎麼畫，可以畫得比現在更好呢？」、「你覺得那件事該怎麼做可以做得最好呢？」

- **多給一點機會，釋放孩子的光芒**：要努力去發現孩子擅長做哪些事情，並且鼓勵他去做。如果孩子的算術總是不如別的小朋友算得快，但在舞蹈上很有天賦，那麼你就可以這樣說：「雖然你的算術不是最好，可在芭蕾舞班你卻是最棒的，而且我知道，你最喜歡跳舞了。」在某一領域裡有充分的自信，就可以幫助孩子們更好地面對來自其他方面的挫敗。

- **告訴孩子挫折是什麼，失敗長得什麼樣**：我們在給孩子灌輸挫折教育時，孩子會奇怪地問起：「挫折是什麼，失敗長得怎麼樣？」而家長們或鴉雀無聲，或將挫折和失敗說得很可怕。其實讓孩子受到最多打擊的不是失敗本身，而是對挫折和失敗的一種錯誤解釋。當孩子問起時，我們可以借用孩子感興趣的故事，告訴孩子挫折是什麼？失敗又是什麼？

親子加油站：讓孩子有抗挫能力是育兒必修課

下面便是給父母們的一點點竅門：

1. 以豁達的心胸，教育孩子。在孩子遇到挫折和困難時，便會主動提出問題與我們商量。
2. 擺正心態，與孩子平等相處。跟孩子建立起「朋友」關係，讓孩子在遇到挫折時，與父母傾訴時，覺得父母就像可以一起同甘共苦的「好哥們」一樣。
3. 在孩子受挫後，父母要做到不過分憐惜、寵愛，並且找機會給孩子上挫折教育課。
4. 放手讓孩子去面對失敗，只有孩子真正去體會了失敗的滋味，才懂得失敗是什麼。在失敗後再對孩子做成功性的引導，真正讓孩子明白失敗是什麼，挫折是什麼。
5. 激勵孩子、表揚孩子的時候，適當地給孩子提出問題。
6. 仔細觀察孩子每天細微的變化，跟孩子隨時都有溝通。

第二章
信念是挫折中最美的花

　　一個人做某一件事不一定需要信念，但一個人的成長過程卻時時需要信念。信念決定一個人走什麼樣的路。信念必須從小就一點點培養、一點點樹立。一旦信念確立，以後走什麼樣的路就可基本知道。路要靠自己走，未來的一切要靠自己去完成，任何人都替代不了。

　　人一旦有了信念，再大的挫折也能承受。

　　法國作家羅曼‧羅蘭曾說：「人最可怕的敵人，就是沒有堅強的信念。」

▋讓孩子的信念如花般綻放

哪個父母不望子成龍？

這些父母，往往在孩子還在子宮裡就開始為他設計人生，還沒有出生就開始胎教，從幼稚園到大學，甚至到了出社會工作，還離不開父母。因為父母喜歡包辦，把孩子拴得很牢，一點也不願放手。

為孩子好，不在於天天和他講什麼道理，也不在於一定要進多好的學校，更不在於他門門功課是多少分，關鍵是從小就要幫他建立一個正確的信念。

有了正確的信念，就不會走偏；有了正確的信念，孩子自然會去努力；有了正確的信念，就會不達目的不甘休。

在美國紐約，有一位叫亞瑟爾的年輕員警。在一次追捕行動中，被歹徒用衝鋒槍射中左眼和右腿膝蓋。三個月後，當他從醫院裡出來時，完全變了個樣：一個曾經高大魁梧、雙目炯炯有神的英俊年輕人變成了一個又跛又瞎的身障人士。

紐約市政府和其他各種組織授予了他許多勳章和錦旗。紐約有線電視臺的記者曾問他：「您以後將如何面對您現在遭受到的厄運呢？」他說：「我只知道歹徒現在還沒落網，我要親手抓住他！」他剩下的那隻完好的眼睛裡，露出一種令人戰慄的憤怒之光。

之後，亞瑟爾不顧任何人的勸阻，參與了追捕那個歹徒的

行動。他幾乎跑遍了全國,甚至有一次為了一個微不足道的線索獨自一人乘飛機去了歐洲。

9 年後,那個歹徒終於在亞洲的某個小國被逮捕,當然,亞瑟爾發揮了非常關鍵的作用。在慶功宴上,他再次成了英雄,許多媒體稱讚他是最堅強、最勇敢的人。

這就是信念的力量,它可以讓一個又跛又瞎的人奔走 9 年,戰勝厄運;也可以讓一個最堅強、最勇敢的人走向死亡。

怎樣才能讓孩子的信念之花綻放呢?首先我們應該有一個信念 —— 深信每一個孩子都是天才。

以下是一則真實故事,每每看到它時,很多家長都會為之動容:

一位母親第一次參加家長會,幼稚園老師說:「你的兒子有過動症,在椅子上連三分鐘都坐不了。」回家的路上,兒子問她,老師說了什麼。她鼻子一酸,差點流下淚來。然而,她還是告訴兒子:「老師表揚你了,說寶貝原來在椅子上坐不了一分鐘,現在能坐三分鐘了。別的家長都非常羨慕媽媽,因為全班只有寶貝進步了。」那天晚上,她兒子破天荒吃了一大碗飯,而且都不需要她餵。

在第二次家長會上,小學老師說:「全班有 50 位同學,這次數學考試,妳兒子排在第 49 名。我們懷疑他智力上有些問題,妳最好帶他去醫院檢查一下。」回去的路上,她流下了

淚。然而，當回到家裡，看到不安的兒子，她又振作起精神說：
「老師對你充滿信心。她說了，你並不是個笨孩子，只要能細心
些、努力些，一定會超過你的班上同學。」說這話時，她發現，
兒子黯淡的眼神一下子亮了起來。第二天上學，兒子比平時都
要早起。

　　孩子上了國中，在又一次家長會上，老師告訴她：「按你兒
子現在的成績，要考上好的高中有點危險。」她懷著驚喜的心
情走出校門，她告訴兒子：「班導對你非常滿意，她說了，只要
你刻苦努力、用功學習，很有希望考上好高中。」

　　高中畢業後，兒子把知名大學的入學通知書交到她手裡，
邊哭邊說：「媽媽，我一直都知道我不是一個聰明的孩子，是
妳……」這時，她悲喜交加，再也按捺不住十幾年來凝聚在心
中的淚水，任它落在手中的通知書上。

　　後來這位母親在接受採訪時，記者問她，妳一輩子最大的
財富是什麼？那位母親堅定地說了兩個字：「信念。」

　　因為她一直深信自己的孩子是一個天才，哪怕是被老師隨
意貶低時，她都深信自己的孩子一定會成為一個天才。所以信
念造就了孩子成為「天才」的奇蹟。

小竅門：早晚六問，打造孩子的信念

清晨六問：

(1) 我今天的目標是什麼？

(2) 我長遠的目標是什麼？

(3) 我今天最重要的三件事是什麼？

(4) 我今天準備學到哪些新東西？

(5) 我今天準備在哪些方面進步一點點？

(6) 我今天如何更快樂些？

靜夜六問：

(1) 我今天是否完成了小目標？

(2) 我今天是否更接近長遠目標？

(3) 我今天學到了什麼？

(4) 我今天在哪些方面進步了？

(5) 我如何才能做得更好？

(6) 我明天的目標是什麼？

講個「堅守信念」的故事

一位做心理諮商的朋友，說有一則來自於美國的故事，讓他挽回了很多孩子的生命，他至今都很感謝這個故事的作者，讓一個信念支撐著一個個不倒的民族。

這就是那個激勵過許多苦難的人們戰勝死亡，戰勝災難的故事：

1989 年發生在美國洛杉磯一帶的大地震，在不到 4 分鐘的

31

時間，有將近 30 萬人受到傷害。

在混亂中，一個年輕的父親安頓好受傷的妻子，便衝向他 7 歲的兒子上學的學校。然而到達學校時，眼前那棟昔日充滿孩子們歡聲笑語的三層樓校舍，早已變成一片廢墟。

他頓時感到眼前一片漆黑，大喊：「艾曼達，我的兒子！」跪在地上大哭了一陣後，他猛地想起自己常對兒子說的一句話：「不論發生什麼，我總會跟你在一起！」他堅定地站起身，向那片廢墟走去。

他知道兒子的教室在樓的一層左後角處，他疾步走到那裡，開始動手。

在他清理挖掘時，不斷地有孩子的父母急匆匆地趕來，看到這片廢墟，他們痛哭並大喊：「我的兒子！」、「我的女兒！」哭喊過後，他們絕望地離開了。有些人上來拉住這位父親說：「太晚了，他們已經死了。」這位父親雙眼直直地看著這些好心人，問道：「誰願意來幫助我？」沒人給他肯定的回答，他便埋頭接著挖。

消防隊隊長擋住他：「太危險了，這裡隨時可能發生起火爆炸，請你離開。」

這位父親問：「你是不是來幫助我的？」

員警走過來：「你很難過，難以控制自己，但這樣不利於你自己，對他人也有危險，馬上回家去吧！」

「你是不是來幫助我的？」

人們都搖頭嘆息離開，認為這位父親因失去孩子而精神失常。

這位父親心中只有一個念頭：「兒子在等著我。」

他挖了 8 小時、12 小時、24 小時、36 小時，沒人再來阻擋他。他滿臉灰塵，雙眼布滿血絲，渾身上下破爛不堪，到處是血跡。到第 38 小時，他突然聽見底下傳出孩子的聲音：「爸爸，是你嗎？」

是兒子的聲音，父親大喊：「艾曼達，我的兒子！」

「爸爸，真的是你嗎？」

「是我，是爸爸，我的兒子！」

「我告訴同學們不要害怕，說只要我爸爸活著，就一定會來救我，也就能救出大家。因為你說過不論發生什麼，你總會跟我在一起！」

「你現在怎麼樣？有幾個孩子活著？」

「我們這裡有 14 個同學，都活著，我們都在教室的牆角，天花板塌下來架了個大三角形，我們沒被砸到。」

父親大聲向四周呼喊：「這裡有 14 個孩子，都活著！快來人！」

路過的幾個人趕緊上前來幫忙。

50 分鐘後，開闢出了一個安全的小出口。

父親聲音顫抖地說：「出來吧！艾曼達。」

「不，爸爸。先讓別的同學出去吧！我知道你會跟我在一

起，我不怕。不論發生了什麼，我知道你總會跟我在一起。」

這對了不起的父子在經過巨大的磨難後，無比幸福地緊緊擁抱在一起。

像艾曼達一樣，只要深信，就能讓生命堅持到底，就能創造出更多的奇蹟。告訴孩子們，人都需要信念支撐，信念就像我們的脊梁一樣，支撐著我們站起來。

▌備選故事任你挑

匈牙利著名作家因惹‧卡爾特斯（Kertész Imre）有一句發人深省的話：「不管你相信什麼，你都會死掉，但是假如你什麼都不相信的話，那麼對活人來說，你已經死了。」

信念是根脊梁，能夠支撐著一個不倒的靈魂，支撐著人生的大廈；信念是盞明燈，照亮著一個期盼的心靈，照亮著人生的殿堂；信念又是路標，指引著個人前進的方向，指引著人生的道路。有信念的孩子，是不會懼怕困難險阻的，因為他們的心裡始終綻放著一朵豔麗的信念之花，可以給他們希望，給他們力量。

一個盲人的環球之旅

「霍爾曼空前絕後地全面體驗了這個世界，他花了50年的時間遊歷全球，沒有別的目的，只是為了理解那些地方。」即使在擁有飛機和抗生素的今天，他的旅程也非常艱辛。對這位

前海軍軍官來說，旅途的景色異常精彩，雖然他是一個盲人。

霍爾曼從小就希望了解遠處的人們有什麼樣的風俗和法律。12 歲時他就出門看世界，加入了海軍。他本來是一個前途無量的皇家海軍上尉，但 25 歲時，一場怪病奪去了他的視力。那時點字還沒被發明出來，盲人只能隻身流浪或淪為乞丐，或做一些不體面的工作。但這些皆非霍爾曼所願。

為了治療眼疾和疼痛難忍的風溼病，他獨自前往法國南部。旅行途中，他驚奇地發現，身體感覺好多了，他意識到自己不能中止旅行。雖然他的視力再也無法恢復，可是旅行時他感覺自己是健康的、有尊嚴的健全人。他說：「用腳我能看得更清楚。」

後來，36 歲的詹姆斯‧霍爾曼開始環遊世界。

離開英格蘭之後，霍爾曼要穿越俄國，經過冰凍而荒涼的西伯利亞。接著在堪察加半島搭乘捕鯨船，先抵達了夏威夷群島，然後又到達了尚未開墾的北美大陸。

那時的世界還不適合像今天這樣旅行，動盪不安的世界使很多人過著悲慘的生活，很多地方沒有鐵路、客船。霍爾曼橫穿了西伯利亞，踏上了澳洲內陸和巴西的雨林，爬上了正在噴發的維蘇威火山，在斯里蘭卡騎著大象，乘坐航行在大西洋上的運貨船。

霍爾曼用一種盲人寫字框的東西記下自己的印象和經歷，寫成了三本書和很多沒出版的筆記。到 19 世紀中期，他已經成

了歷史上成就最大的旅行家。透過乘船、乘坐馬車、步行甚至騎馬,他的行程累計達 25 萬英里,遠遠超過馬可‧波羅的 14 萬英里。他的足跡遍及有人煙的各個大洲,訪問了數百種獨特的文化。他曾經用 7 年的時間遊歷非洲各地、印度、太平天國時期的中國和澳洲。

信念,是成功的起點,是托起人生大廈的堅強支柱。在人生的旅途中,誰也不可能總是一帆風順、事遂人願。有的人在身體上可能先天不足或後天病殘,但卻能成為生活的強者,創造出常人難以創造出的奇蹟。他們,靠的就是信念。有心人,天不負,在堅強的決心和頑強的意志支撐下,任何困難都阻擋不住你奔向目標的步伐。

我還有一顆蘋果

史丹利是一個對沙漠探險情有獨鍾的瑞典醫生。年輕的時候,他曾試圖穿越非洲的撒哈拉大沙漠。進入沙漠腹地的當天晚上,一場鋪天蓋地的沙塵暴使他變得一無所有,嚮導不見了,滿載著水和食物的駝群也消失了,連那瓶已經開啟、準備為自己慶祝 36 歲生日的香檳,也灑得一乾二淨,死亡的恐懼瞬間籠罩著他。

在絕望的瞬間,史丹利把手伸向自己的口袋,意外地摸到了一顆蘋果,這顆蘋果使史丹利從絕望中清醒,他慶幸自己竟然還有一顆蘋果。

幾天後，奄奄一息的史丹利被當地的土著救起，令人迷惑不解的是，昏迷不醒的史丹利緊緊地握著一個完整卻乾癟的蘋果，而且握得非常緊，以至於誰都無法從他手中將蘋果取走。二十世紀初，這位一生都充滿傳奇色彩的老人去世了，彌留之際，他為自己寫了這樣一句墓誌銘：我還有一顆蘋果。

「我還有一顆蘋果」，這句話把所有的堅持濃縮在了一起。

其實每個人的內心都深藏著一顆蘋果。笑傲人生，在絕望裡漠視所有的困惑和勞累，這就是這位堅強的老人給我們的啟示。是的，上蒼也許會奪走你的一切，但是祂永遠也奪不走你心中的最後一顆蘋果，只要有這樣一顆小小的蘋果，你就沒有理由輕易放棄。

心存信念，人生就沒有絕境

孩子的心太脆弱了，但一個信念可以讓他們堅強。信念會告訴他們人生從來就沒有真正的絕境。無論遭受多少艱辛，經歷多少困難，只要心裡懷有一粒信念的種子，就能走出困境，讓生命之花重新綻放。

2006 年的夏天，一支英國探險隊進入撒哈拉沙漠探險。因為誤入了一個沙漠的迷宮，他們在沙漠裡已經轉了 10 天了。他們在茫茫的沙海裡跋涉。陽光下，漫天飛舞的風沙像炒紅的鐵砂一般，撲打著探險隊員的面孔。口渴似炙，心急如焚 —— 大家的水都沒了。這時，探險隊長拿出一個水壺，說：「這裡還有

一壺水，不過在還沒有穿過沙漠之前，誰都不能喝。」

一壺水，成了穿越沙漠的信念之源，成了求生的寄託目標。水壺在隊員手中傳遞，那沉甸甸的感覺使隊員們瀕臨絕望的臉上，又露出堅定的神色。

但是沒有想到，探險隊長因為中途喝水喝得太少，實在無法再走出這片沙漠，倒下了，他用最後一口氣叮囑隊員們，無論遇到什麼問題，哪怕是死，也只能在穿過沙漠後才能把這壺水打開。因為在穿越沙漠後，還有一段距離才能看到水源。

隊員們此時都想把水壺打開，畢竟此時的一滴水可以將隊長救活，可是隊長至死都把水壺的口抓得緊緊的。隊員此時化悲痛為力量，依舊每個人輪流抱著那壺信念之水，向綠洲走去。

終於，探險隊頑強地走出了沙漠，掙脫了死神之手。大家喜極而泣，用顫抖的手擰開那壺支撐他們的精神之水 —— 緩緩流出來的，卻是滿滿的一壺沙子！

▌給家長的悄悄話

所有的家長都應該對孩子說的一句話 ——「你會有很好的前途的」。

是的，當你的孩子對自己的處境或所做的事覺得不滿意時，家長應該站出來鼓勵說：「你會有很好的前途的。」

「信念」中的「信」，包含「自信」的意思。很多時候，一個人的信念往往是透過他人一句由衷的讚揚而獲得的。最殘

酷的傷害是對一個人自信心的傷害，最大的幫助是給人以信任和讚美。因此，不論你的孩子現在是多麼的「差」，都要多鼓勵孩子，充分樹立起他們的自信，孩子才能步入成功的殿堂。

有一個八歲的孩子正在爬一個沙丘，但他總是爬到一半時就翻滾下來了。這時，站在沙丘邊的父親就說：「不要緊，爸爸和你一起爬上去，好嗎？」孩子點點頭，又繼續往沙丘上爬。最後，他終於爬上去了。爸爸說：「你不是說你長大要去登聖母峰嗎？想登聖母峰的孩子會有很好的前途的。」

有一個兒童教育工作者來到一所小學，從一年級到六年級，他隨便挑了幾十名學生，然後悄悄地對有關老師「撒謊」說：「這是一份最有發展前途者的名單。」並叮嚀他們務必保密，以免影響他的「未來發展趨勢測驗」的準確性。這個謊言對老師產生了暗示作用，而老師又將自己的這一心理活動透過自己的情感、語言和行為傳染給這些學生，使這些學生從此變得自尊、自強、自信。

八個月後，這個教育工作者對在名單上的學生進行複試，結果奇蹟出現了：凡是上了名單的學生，各個成績優異，且性格開朗、求知欲旺盛。其實，沒被挑上的學生中，優秀者也是不乏其人的，不過因為他們相對來說，缺少了一些老師給予的正向暗示和鼓勵，因而表現得就相對不突出了。

所以，孩子的信念往往是在父母（或老師）的激發下才漸漸奠定的。孩子對父母的讚揚，總是能喚起向成功衝刺的衝動。

親子加油站：增強堅定信念的方法

1. 制定夢想板或夢想檔案。

2. 天天都要看自己的夢想板，最好能清晰化、圖像化。

3. 把大的夢想分解成小的目標，從完成一個個的小目標開始，就會大大增強自信的程度。

4. 對潛意識的確認，不斷地給自己做自我激勵：我一定可以！我一定能成功！我是最棒的！

第三章
磨難是人生的一份厚禮

　　很久以前，一位國王令大臣們編一本《古今智慧集》，以傳給子孫後代治國理政。眾大臣歷盡艱辛完成了一套百萬字 12 卷的巨作。國王看後表示太厚，需要濃縮。大臣們又費了九牛二虎之力，將 12 卷的巨作壓縮成一卷本，然而國王還是嫌太長。於是大臣們絞盡腦汁把這本書濃縮成一章，然後又濃縮為一頁，再變為一段，直至最後變成了一句話：「挫折是一筆可貴的財富。」睿智的國王看到這句話後滿意了。

　　這個故事告訴我們，沒有誰的人生是一帆風順的，不管是誰，挫折和失敗都是不可避免的。既然我們不能讓孩子避免挫折和失敗，那就把「挫折」當成一種祝福，送給我們的孩子。讓孩子懂得，雖然挫折不可避免，但心態卻可以選擇。

▌聰明人和傻子的區別

沒有磨難的篩子過濾，怎麼能分出強者與弱者？這個道理，甚至連強盜都知道。

有兩個強盜偶然經過一架絞刑架。其中一個說：「假如世間沒有了絞刑架這一類的刑具，我們做的真是一種很好的職業呀！」另一個強盜回答說：「你真是一個笨蛋！絞刑架是我們的恩人。假如世間沒有絞刑架這一類刑具，人人都會做搶劫的勾當，那你我兩人的買賣，豈不反而做不成了？」

強盜的勾當雖然讓人不恥，但他們所說的道理倒也有幾分見地。各種技藝、職業或事業，亦都如此。困難是我們的恩人，有了困難，才能擋住或淘汰掉一切不如我們的競爭者，使我們更容易得到勝利。因為，平坦的大路邊沒有鮮美的果實。哲學家斯巴昆說：「許多人之所以偉大，就來自他們所經歷的艱難困苦。」再精良的斧頭，其鋒利的斧刃也是從熊熊爐火的鍛鍊與磨練中得來的。

如此說來，逆境也不能說是仇敵，而是恩人。逆境可以鍛鍊戰勝逆境的種種能力。森林中的大樹，要是不同狂風暴雨搏鬥個千百回，樹幹就不能長得粗壯挺拔。同樣，人若不遭遇種種逆境，他的品格、本領，也是不會長得結實的。所以一切的挫折、憂苦與悲哀，都是足以幫助我們，鍛鍊我們的助長劑。

有許多人不到窮困潦倒時，就不會發現自己的力量。逆境

的磨難，反倒能幫助他發現「自己」。逆境彷彿是將他的生命煉成「美好前程」的鐵錘與斧頭。

有一位著名的科學家說每當他遭遇到一個似乎不可超越的難題時，他便知道自己快要有新的成果發現了。

花了一輩子來研究人的潛力之後，著名的心理學家阿爾弗雷德‧阿德勒（Alfred Adler）說：「人類最奇妙的特徵之一，就是『把負變為正的力量』。」正是同樣的想法，有句知名諺語：「當生命丟給你一顆檸檬，那就做杯檸檬汁吧！」

有人說：「約翰‧米爾頓（John Milton）很可能就是因為瞎了眼，才能寫出更好的詩篇來；而貝多芬則是因為聾了，才能譜出更好的曲子；海倫‧凱勒（Helen Adams Keller）之所以能有光輝的成就，也正是因為她的瞎和聾。」這句話看似謬論，但仔細想想還是有一定的道理。

西方有句名言：「你想成功，上帝一定給予，但你需要付出代價來。」在中國，古代思想家孟子也有一句警世名言：「天將降大任於斯人也，必先苦其心志，勞其筋骨，餓其體膚，空乏其身。」說的都是同一道理。

成功不等同於代價，但成功後面一定會有代價。屈原因為被放逐而著《離騷》；司馬遷因受腐刑而作《史記》；杜甫一生窮困，連愛子都養不活，卻寫出許多不朽詩篇；蘇東坡仕途失意，懷才不遇，卻吟出了不少豪氣奔放的千古名言；痛感國破家亡，李後主填出不少感人肺腑的詩詞；痛失丈夫、痛悼國

亡，李清照由此寫出了不少驚心動魄的千古絕句；曹雪芹煮字療飢，足不出戶，卻寫出了流芳百世的名著《紅樓夢》……

要想成功，不可避免地要付出代價。這種代價，往往會是挫折與磨難。一旦你在生活中不幸遇到挫折，是否就聽任自己一挫即敗，從而一蹶不振呢？答案無疑是否定的。你完全可以從他人那裡獲得鼓勵，吸取重新站起來的勇氣。在我們周遭，不乏這種能給予你幫助的人，關鍵看你如何對待他們的評價。

拿破崙（Napoleon Bonaparte）說得好：「在地獄中，人能創造天堂；在天堂中，人能創造地獄。人只有盡善盡美地去發揮自己的能動性，才能在艱難困苦中屹立不搖。人是環境的主宰，是不可戰勝的。」

小竅門：論磨難

教育專家認為磨難是人生的必修課，人要成大器就要經歷磨難。該放手時就放手，你能替孩子做事，但不能代替孩子成長。不讓孩子去經歷，怎麼讓孩子長大？

怕孩子失敗、怕孩子吃苦，什麼都怕，最後孩子什麼都不是。給孩子一點機會、讓他們吃點苦，讓他們感受一下，這種感受是他們花錢買不來的。人有了這種遇到大難不驚不慌並且去承受的準備，人生將是輝煌的。希望父母不要把孩子關在家裡，要把他當作小鷹，讓他自己飛向藍天，不自己去翱翔，哪能飛上藍天？磨難是人生的財富。

▌講個「馬雲創業」的故事

馬雲是誰？

一個長得很「童話」的人，一個「海拔」較低的人，一個學歷不高的人⋯⋯

然而，這些，都不重要！重要的是：他是一個善於從磨難中吸收營養、從挫折中接受教訓的人；他是一個屢敗屢戰、永不放棄的人。這一特質，造就了一個阿里巴巴帝國，造就了馬雲數十億天文數字級的財富。美國的《富比士》雜誌這樣描寫馬雲：「這個長相怪異的人有著拿破崙一樣的身材，更有著拿破崙一樣的偉大志向！」

馬雲的第一次創業是在 1992 年，在某學院當英語老師的他，和同事籌集了資金，創辦了海博翻譯社。開業的第一個月總收入非常低，為了生存下去，馬雲背著大麻袋到各地去進貨，翻譯社靠賣鮮花、禮品來貼補房租。馬雲甚至兼職銷售過一年的醫藥，靠這些來維持翻譯社的運轉。

1994 年，翻譯社終於收支平衡，次年開始賺錢，但效益還是不怎麼理想。該年 3 月，馬雲終於下決心放棄了這份做了差不多四年的事業。他在這場初出茅廬的創業中付出了很多，但經濟上的回報幾乎是零。一句話，就是白做了！

但馬雲不這樣認為，他從這次「做白工」中，得到了一個寶貴的教訓：沒有好的制度這是公司的災難，小公司也需要制

度、也需要體系。

1995 年年初，馬雲辭了公職。同年 4 月，馬雲開始了第二次創業，成立了中國第一家網路商業公司 —— 杭州海博電腦服務有限公司，網站取名「中國黃頁」。三名員工是馬雲、馬雲夫人張瑛和何一兵。

在經營中國黃頁的時候，馬雲遇上了一個重量級對手 —— 註冊資本是 2.4 億人民幣的中國電信浙江杭州分公司（馬雲的中國黃頁的註冊資本是 5 萬元人民幣）。在完全不對等實力的較量中，大象一時是踩不死螞蟻的，螞蟻也根本撼不動大象。你來我往的過招後，雙方終於坐下來談合作。

談判很順利，1996 年 3 月，中國黃頁將資產折合成 60 萬人民幣，占 30%的股份；杭州電信投入資金 140 萬人民幣，占 70%的股份。馬雲一想到有了 140 萬人民幣的注入就可以大幹一場，也就高興地答應了。

但後來才發現，災難來了！原來對方出 140 萬，只是想把他這個競爭對手控制住。在董事會裡面對方是 5 票，而馬雲這方只有 2 票，每次開董事會，馬雲總是面臨 2：5 的制約，開很多次會也通不過決議。

馬雲這時才醒悟到：自己雖然拿到了錢，卻丟掉了自己最寶貴的自主權。處於尷尬中的馬雲，與杭州分公司的合作僅維持了 1 年，就不得不主動放棄了「自己」的公司。馬雲的第二

次創業沒有成功，但他從這次經歷中總結出一點教訓：企業家不能被資本所控制。

馬雲在經歷兩次創業挫折後，並沒有心灰意冷，他感覺自己在挫折中學到了更多的創業知識，因而對於創業有了更大的信心與把握。很快，他又全身心地投入了第三次創業。1997 年年底，他受中國當時的對外貿易經濟合作部邀請，北上幫忙做網站，讓對外貿易經濟合作部成為中國第一個上網的部級單位。

馬雲在北京租了個小房間，沒日沒夜地做事。「中國第一個網站交易市場是我們做的，第一個進出口交易所也是我們做的。政府和我們這些人合作得很愉快。」馬雲曾經這麼說過。但是後來，由於在業務的方向是幫助中小企業還是大企業上出現分歧，又使馬雲無比苦惱，這次合作最終也以失敗告終。

1999 年年初，馬雲回到了杭州。儘管公司已經賺了 287 萬元的利潤，不過馬雲除了薪資之外沒有拿到任何紅利。關於這場風波的緣起，有各種版本，但根據馬雲自己的說法，是因為他沒有分清朋友和上下級的關係。他反省了自身，認為在今後的創業中，應該清楚地區分好朋友與上下級關係。

回到杭州，馬雲馬上創辦了一家名叫阿里巴巴的網站。馬雲的「嬰兒」在誕生時，幾乎是赤裸地來到這個世間。無充足的資金、無成熟的技術、無辦公的場地。但馬雲並非一無所有，他有足夠豐富的經驗教訓；他的每一個挫折，都讓他更加聰明。

果然，阿里巴巴在馬雲和他的團隊苦心經營下，很快就成為網路界的奇葩。

　　如今聲名遠揚的馬雲，對於如何面對人生的磨難這麼說：「創業這麼多年，我遇到了太多的倒楣事，但只要有一點好事，我就會讓自己非常開心，左手溫暖右手。」他還說：「所以，對於我來講，這些年的任何失敗、成功以及取得的這些經歷，就是我最大的財富……失敗了也是經歷。人一輩子不會因為你做過什麼而後悔，很多時候會因為你沒做過什麼而後悔。」

　　對於事業上的成功，馬雲是這樣詮釋的：「我無法定義成功是什麼，但我知道什麼是失敗！成功不在於你做成了多少，在於你做了什麼，歷練了什麼！」他還說：「人要被狠狠 PK 過，才會有出息！」

備選故事任你挑

　　茶葉遇到沸水，才能釋放出本身蘊藏的清香；而生命，在遭遇一次次的挫折和痛苦之後，才能留下一脈脈人生的清香。有了打擊，才會使你釋放本身的潛能，你生命中潛藏的那些美好品格，就會像經歷嚴冬酷寒後的小草，萌發出最美的綠意。

受傷的蘋果樹

　　他是一個敏感的人，敏感的人往往很容易遭受挫折。

　　在與人交往中，別人不經意的一句話、一個不友好的眼神

都讓他思慮再三，不時受著心靈的煎熬，所以他經常受傷。他也不願意經常待在家裡，因為父親想讓他成為一個成功的商人或者在政府部門任職，而他接連讓父母失望。在父親眼裡，他是一個徹底的失敗者，十足的無用之物，所以父親見到他，經常咆哮著罵他。

他對祖父的農場很感興趣，甚至有段時間他想成為一個農夫。在祖父的農場，他向祖父不斷抱怨，為什麼我的性格是這樣？為什麼受傷的總是我？老人家並未言語，而是帶他去蘋果園轉轉。

在一棵倒下的高大蘋果樹前，他們停下了。祖父問道：「你看這棵樹和周圍的蘋果樹相比有何特別？」他答道：「這棵樹比周圍的蘋果樹高多了，但主幹較細，枝葉也較密，小枝條多，所以結出的果實又少又小。」

老人呵呵一笑道：「不錯，你的觀察很細膩也很正確。它是6年前種的，那時心太軟，不忍讓它受傷，總捨不得去除它多餘的主幹，清理它多餘的枝條，結果它只知空洞地生長而不結果。兩年前才開始為它剪枝，這兩年它也結了些果實，可零零星星的就那麼幾個，還讓昨夜一場暴風雨把它給折斷了。」接著，祖父又感嘆說：「沒有經歷過挫折的傷痛，碰上真正的打擊就輕易把它給毀滅了。」

他們又走到一棵枯樹前，祖父問道：「你看這棵樹和周圍的蘋果樹有什麼不同？」他答道：「死樹，主幹粗，有許多樹枝

折斷的痕跡，樹身有疤痕。」祖父說：「我種下它的第一年就把它多餘的主幹給去除，並且每年剪枝壓枝，它在第三年就開始結果了。可是去年，我剪枝剪得多了些，還在其枝幹上砍了幾刀，沒想到它竟然不發芽了，現在已開始有朽木出現了。」

稍稍一頓，祖父又指了旁邊的蘋果樹，說：「它和那棵枯死的樹受到同樣的傷害，卻堅強地活了下來，把營養及力量都用在了果實上，你看現在，它高大粗壯，枝繁葉茂，碩果累累。」

接著，祖父陷入了沉思。過了一會兒，彷彿喃喃自語道：「沒有經歷過挫折和傷害，看似很快樂地生長，其實很脆弱，在真正的風雨面前便會遭遇滅頂之災。而遭受了傷害，自暴自棄，任傷口散發著糜爛的氣息，只會成為一塊朽木。別總抱怨為什麼受傷的總是我，只有經歷了挫折和傷害，激發了生命深層次的東西，集中力量及營養在開花結果上，才能綻放出燦爛的花，結出碩大的果，散發出迷人的生命馨香！」

他若有所悟。

回到自己的生命軌道，他依舊經常受傷，可是，正因為如此，他對人性及生命有了更為深刻的體會與思考，並努力結果。不久，他這棵傷痕累累的大樹便結滿了令人嘆為觀止的果實。他寫出了《地洞》、《變形記》、《判決》、《訴訟》、《城堡》等享譽世界的小說，而他本人也被譽為 20 世紀文學史上的傑出人物，現代文學的鼻祖。

他就是奧地利著名小說家法蘭茲‧卡夫卡。

「沒有經歷過挫折和傷害，看似快樂地成長，其實很脆弱」。這句話是現今很多小朋友的真實寫照！現在許多家庭的孩子，正承受著親人的過度嬌慣和縱容，每天看似快樂地成長，卻經不起人生的任何風雨。學學那棵勇敢的蘋果樹吧！在挫折面前不自暴自棄，記得住自己的目標，積蓄力量來開花結果，終至成為最棒的那棵樹。

有人譏笑怎麼辦

在尋夢的旅途上，有時候絆倒人的不是一個個有形的困難，而是紛至沓來、無形的譏諷與嘲笑。特別是對於孩子來說，由於他們的心智尚未完全成熟，對於外界的負面評價還不具備強大的抵抗力，因此很容易被別人隨便的一句嘲諷所打擊。如果你的孩子在成長過程中，被別人的評價整得萎靡不振，你不妨和他講講成龍的故事。

成龍是大名鼎鼎的影視明星，但在成名之前，他也經歷過很多的打擊。成龍小時候家裡很窮，在他 6 歲時，因為家裡窮無法負擔他的學費，只好把他送到于占元的戲班子裡去學戲曲。不讀書、不學字，每天裡只勤學苦練軟硬功夫。在師傅的鞭子與竹條下，成龍就這麼渾渾噩噩地走過了自己的童年時代。

等到成龍功夫學得差不多了，香港戲曲行業卻偏偏迎來了蕭條。在電影等其他新娛樂方式的衝擊下，戲曲學校最終關閉。成龍走進邵氏電影大片場，做了一個「臭武行」。

那時候，人們都將他們這些龍虎武師形容做臭武行，就是因為這個行業的複雜性。比如一到片場，就要先學會賭錢，要學會像別人一樣講連篇的粗話，學著很跩的樣子抽菸，給人以一種根本沒什麼前途的印象。但成龍雖然身處其中，卻從未放棄過「成龍」的理想，他一心想朝著影視界發展。

　　成龍的電影之路，是從一個「死跑龍套的」開始。他剛走進片場，導演二話不說就把他推倒在地上，一邊叫人朝他臉上抹了一把泥水，然後再塞一袋子血漿在他嘴裡。這時候成龍唯一需要做的就是別喘氣，一動不動地裝死屍。

　　在龍套中，成龍一跑就是很多年。他沒有任何說話的權利，總之就是導演叫他做什麼，他就一定要做什麼，否則連飯錢也沒有。好不容易才熬到了有機會做配角的份。

　　有一次，在他拍攝一部古裝武俠戲的時候，劇情要求有三個女人都喜歡他。但是當時擔任主角的一位著名女演員，坐在一邊跟導演講風涼話，說：「我怎麼會喜歡他？大鼻子、小眼睛，多讓人討厭啊……」一聽到這話，成龍的心很受傷，但外表還要裝作若無其事的討好模樣，不停地鞠躬。一定等著她站起來先走，自己退後讓路後走，一副謙恭的樣子。要哭，只有在一個人的時候才能哭。

　　後來，成龍混出一點小名氣。那時他又動起心思：想要著名的武俠作家古龍給自己量身定做一個劇本。當時，古龍的武俠小說非常受大家歡迎，有了他的劇本基本就是票房保證。

　　古龍是邵氏片場裡的常客，成龍為了「討好」古龍，每天都要陪古龍喝酒。成龍坐在古龍身邊，左一句「古大俠」右一句「古大俠」，酒倒是喝得皆大歡喜。等一場又一場的酒喝過後，成龍從別人口裡得知古龍說：「我怎麼會給他寫這個劇本，我要寫，也得找個好看點的人寫啊！」成龍聽了，當即躲進了洗手間，七尺男兒終於再也無法控制住自己的感情，一把鼻涕一把淚地哭成了淚人。

　　當一棵樹還只有草那麼高時，周圍的草難免會嘲笑樹的參天夢想。樹的夢想與追求，在草的眼裡簡直與「癩蛤蟆想吃天鵝肉」差不多，都是不自量力，痴人說夢。生活中，總是會有人來打擊你，一個人打擊你，或許沒有什麼；十個人打擊你，自己有點動搖了吧；那麼若是有一百個人打擊你呢？

　　小樹苗是沒那麼容易都能長大成材的，在你還孱弱時，無數大腳會有意無意將你踐踏再踐踏。而應對這些所謂的不公平，最佳辦法就是讓自己長大成材，用事實來作出最有力的回答。

不要踢開絆倒你的黃金

　　一天，一位工程師走路時沒注意，踩到別人丟在地上的香蕉皮，一下子摔了個狗吃屎，引來路人一陣笑。

　　這位工程師從地上爬起來，心裡突然冒出一個疑問：「為什麼香蕉皮那麼滑呢？為什麼其他水果皮，例如橘子皮、蘋果皮就沒有那麼滑呢？」

他是個喜歡尋根究底的人，也是一個喜歡實踐的人。於是，他開始研究香蕉皮。在顯微鏡下，他可以清楚地看到：一塊香蕉皮是由幾個薄層構成的，層與層之間鬆弛，含有豐富的水分。正是香蕉皮這種結構，使它變得十分滑溜。如果把這一原理運用到工業生產中，一定會出現奇蹟。

　　說做就做，經過反覆探索，這位工程師終於找到了與香蕉皮結構類似的物質 —— 二硫化鉬。又經過多次試驗，他終於發明了二硫化鉬潤滑脂，如今已在工業上廣泛應用。

　　這位工程師把它申請了專利，獲得了一筆可觀的專利費用。

　　生活中有很多事情是不順心的，一些人稍微遇到一些挫折或者碰到一點點不順心的事情，心裡就充滿了不滿和抱怨，就灰心喪氣，更有人怨恨那些把自己絆倒的「東西」。

　　實際上，挫折中往往也可能包含著機會，只有善於把握，我們才能取得最終的勝利！所以，讓我們做一個堅強的人吧！在挫折面前，百折不撓！

▎給家長的悄悄話

　　其實，孩子們有很多「磨難」的機會，只是家長們沒有留心而已。孩子摔到，自己爬起來，父母爺爺奶奶不去相扶；小朋友之間鬧矛盾，由他們自己去解決，而不是單純地跟他們講道理，更不能讓長輩出手相助；學習遇到困難不輕易請教他人，自己盡力去尋找答案；不合理的物質要求堅決不允諾。

更重要的是，從小培育其良好的為人品格，從禮貌待人、諒解寬容，到遵紀守法、按規則做事等，凡是相應年齡階段可以做的事情，都讓孩子自己去獨立完成；凡是可以克服困難自己完成的事，都讓孩子自己努力去解決；凡是不應當有的奢侈，不能因為孩子之間的比較而予以滿足。相信，經過這種模式的教育，孩子承受磨難的能力會增大。

不過，問題就在這裡，有的父母恰恰相反。在物質上總是滿足孩子，或者把孩子當成家庭富有的象徵，或者「再窮不能窮孩子」；生怕孩子吃點苦、受點委屈，總是想方設法讓孩子高興，順著他們的意思去做；可以自己上學偏要接送；可以自學卻一定要請家教……正是這樣的問題環境，家長才教育出了「問題孩子」。

當然，家長也應該明白，挫折並不是越多越好。畢竟，人的意志力是有一定的極限的，雖說經受一些挫折可以鍛鍊人的意志，培養在逆境中經受挫折，失敗後再接再厲的精神，但不斷地讓人經受挫折，經常陷於挫折之中也是不可取的。壓力太大，會使其人格發生根本性變化，從此變得冷漠、孤獨、自卑，甚至執拗，意志力就會愈來愈頹靡。這樣做對孩子的身心健康也非常不利。

親子加油站：多多進行磨難假設教育

近些年來，有許多事例說明，遇到不測之事時，孩子往往在有辦法應付的情況下反而手足無措。人們大都覺察到了這是對孩子欠教育、欠指導的問題。比方說，家遇火災時、家遇竊賊時、家長因特殊情況無法按時回家時、全家外出突然失散時等等，孩子總是嚇得慌作一團，失去逃生、智鬥、獨立生存的勇氣、力量和智慧。但是如果平時常給孩子一些磨難「假設」教育，那結果將大不一樣。

重視對孩子的「磨難假設」教育，是人生成長過程中不可少的教育內容。「磨難假設」教育的內容是多方面的，比如教育孩子遇到火災怎麼逃脫、遇到壞人行竊或搶劫怎麼周旋、跟隨家長外出走失怎麼尋找、家長不在家怎麼生活、在學校遇到不順心的事怎麼解脫等等。

凡是能夠發生的小至失意失敗、挫折打擊，大至險惡事件、意外災難，都可以「假設」一下，讓孩子知道各種情況發生的可能，設計應付的辦法，做好吃苦受難的準備，鼓勵頑強生存的意念，增強獨立生存的能力。

磨難假設教育的方式方法要隨機應變、因地制宜、適時進行，不必刻板教條。如在孩子看到磨難現場時、看電影遇到類似情節時、閱讀書報讀到磨難內容時，教師，尤其是家長都可隨時說教指導，使之自然、隨意地接受這種教育。只有這樣，孩子才能在成長過程中，走出「溫室花朵」的盲點，較好地應對人生旅途中所發生的各種挫折磨難，從而茁壯健康地成長。

第四章
絕不推卸自己的責任

責任是一個神聖的承諾，在它身上承載著一種不渝的使命。它能讓人戰勝膽怯，無數在戰場上冒著槍林彈雨前進的戰士都說明了這一點，他們只是因為信守了「軍人以服從為天職」的承諾，就變得如此勇敢。

割草的男孩

和孩子談責任，似乎是一個很空很大的話題。其實可以告訴孩子，責任並非一定要在大是大非上才能展現。責任無處不在，即便是一個兼職的除草工。

有個男孩打電話問布朗太太：「您需不需要割草？」布朗太太回答說：「不需要了，我已有了割草工。」

男孩又問：「我會幫您拔掉草叢中的雜草。」布朗太太回答：「我的割草工已經做了。」

男孩進一步問：「我會幫您把草與走道的四周割得很齊。」布朗太太說：「我請的那人也已做了，謝謝你，我不需要新的割草工人。」

男孩這才掛了電話。此時男孩的室友問他說：「你不是就在布朗太太那裡割草打工嗎？為什麼還要打這個電話？」

男孩回答：「我只是想知道我究竟做得好不好！」

在我們的日常生活中，多問自己「我做得如何」，這就是一種責任感。這種責任感，會使你更卓越、更出色。

> **小竅門：莫讓溺愛成為傷害**
>
> 常聽到不少家長抱怨，平時自己對孩子照顧得無微不至，孩子生病，大人慌張地四處求醫，而自己病了，孩子卻連倒上一杯水都不肯，實在令人傷心。為什麼孩子會缺乏責任感呢？仔細分析，原因還在家長這裡。為

什麼呢？先來看看發生在我們身邊的幾組常見畫面。

畫面一：「快點上床睡覺，書包我幫你整理。」母親對上小學二年級的兒子說。

畫面二：「媽，把我明天要穿的衣服拿出來，這套衣服要快點洗好，我後天上體育課要穿。」這是已經上國中一年級的女兒，晚上臨睡前對母親所說的。

諸如此類的話，可能對許多家長來說都習以為常了。他們總認為孩子還小，幫孩子做點事是應該的。

身為父母，關心愛護孩子是天生的本能。可是，很多父母在關心保護孩子的同時，卻忽略了孩子是需要學會負責任的。他們總是怕孩子辛苦，怕孩子為難。於是，有的家長為孩子洗衣服、洗襪子，有的替孩子做家庭作業……這樣長期下去，連孩子都不知道應該怎樣自己照顧自己，更談不上對他人、對社會的責任感了。

在這種家庭環境中長大的孩子，由於從小就受到過多的呵護，他們不用動腦筋，因為從吃、穿、用直到上什麼學校、報考什麼科系、選擇什麼工作，都有家長的格外關照。他們一方面變得自我意識很強，處處都以自我為中心；另一方面，對周圍的人和事卻表現出漠不關心，缺乏基本的責任感。

▍從「一切責任在我」談起

人都有趨利避害的心理，孩子也不例外。好的結果樂於宣揚，而壞的結果則喜歡躲避，在這一心理的支配下，不少人喜

歡為失敗找藉口、尋替身。一個想要有所作為的人，在失敗、錯誤面前一定要勇敢挺身擔當。

1980 年 4 月，美國營救駐伊朗美國大使館人質的作戰計畫失敗後，當時的美國總統吉米‧卡特（Jimmy Carter）立即在電視裡發表了這樣的聲明：「一切責任在我。」

在此之前，美國人對卡特總統的評價並不高。甚至有人評價他是「誤入白宮的歷史上最差勁的總統」。但僅僅由於上面的那句話，支持卡特總統的人居然驟增了 10% 以上！

「一切責任在我」。這短短的幾個字，表現出一種勇於擔當責任的品格。我們必須學會像卡特總統那樣，承擔起自己行為的責任，應該積極地尋找任何一點自己能夠或應該承擔的責任，要勝任並愉快地承擔起那些責任，絕不要透過躲避棘手的事情而逃避責任。

勇於承擔責任，別人就會為這種態度所打動，對自己產生信任。由於有信任，就會產生依靠，你在生活中就會一呼百應，無往不勝。信用越好，人緣就越好，機會也就越多，就越能打開成功的局面。雖然在做事的過程之中，每個人都會犯錯，但是一定要能自己主動擔當責任，不推卸責任，這樣才能贏得別人的尊重。

一位大學心理學教授說：「一個人發展成熟的最明顯特徵之一，是他樂於承擔起由於自己的錯而造成的責任。能承認自己的錯是不簡單的，尤其是在很固執己見的時候。我們每天都會

做錯事，一生中幾乎天天都會是這樣。然而，誰不是力圖在一天裡不把同一件事情做錯兩次？但要想在大部分時間裡都避免重犯這種錯，那就不是件很容易的事了。就如同當你看見一支鉛筆的時候就會想，當人們不犯錯的時候，也許就用不著再製造帶有橡皮擦的鉛筆了。」

備選故事任你挑

凡希望自己的事業有所建樹者，必有一種擔當大任的責任感。古今中外，莫不如此。禮崩樂壞之時，孔子四處奔走，推行他的「大道」；民族多事之秋，班超毅然投筆從戎，立下不朽功業；五胡亂華之際，祖逖聞雞起舞，自強不息；國家危亡在即，孫中山無反顧，投身革命……

托爾斯泰（Leo Tolstoy）也曾說過：「一個人若是沒有熱情，他將一事無成，而熱情的基點正是責任感。」

一個字的答覆

沒有責任的生活就輕鬆嗎？有時候逃避責任的代價可能還更高。不必承擔責任的生活看起來似乎很輕鬆、很舒服，但是人們必須為此付出更大的代價。因為到那時，我們已成為別人手上的球，必須依照別人為我們寫的劇本去生活。

在第二次世界大戰爆發之初，德國的軍隊連連取勝，法國很快就被逼投降。那時，珍珠港事件尚未爆發，美國還在觀

望與猶豫之中，沒有捲入這場世紀大廝殺。因此，只有英軍孤立無援地與納粹德國作戰。驕傲的德國人以為接下來他們的任務，就是準備迎接「勝利」的到來。

1940 年 7 月 19 日，希特勒在帝國國會發表長篇演說，先是痛快淋漓地臭罵了一番邱吉爾，而後要求英國人民停止抵抗，並要求邱吉爾作出答覆。而就在他的這番威脅發出不到一個小時，英國廣播公司就用一個簡單的詞作出了答覆：NO!

後來邱吉爾回憶說，這個「NO」不是英國政府通知廣播電臺的，而是廣播電臺的一個播音員在收到希特勒的演講後，自行決定播出的。邱吉爾說他打從心底為他的人民感到驕傲。

何止是邱吉爾，讀到這個故事的每一個人，又有哪個不為這位敢當大任的播音員叫好？勇於擔當大任，就是應該清楚地知道什麼是自己必須做的，不需人強迫，不要人指使。將責任根植於每一個人的內心，讓它成為我們腦海中的強烈意識，在日常行為和工作中，這種責任意識會讓我們表現得更加卓越。

責任與信賴

有責任感的人，給他人的感覺是值得信賴與尊敬的人；而對於沒有責任感的人，沒有人願意去相信他、支持他、幫助他。

威爾遜（Thomas Woodrow Wilson）是美國歷史上一位出色的總統，在這個位置上，他深知自己的責任與義務，並且他也認為，多為人民做一些超出自己能力的事情，總會得到更

多的回報。所以他說道：「我發現，責任是與機會成正比的。」

法國前總統戴高樂（Charles de Gaulle）在很小的時候，每次與兄弟們玩打仗遊戲時，總是執意要由自己來演法國這一方。他堅持稱「我的法國」，絕不准任何人對其染指，甚至不惜為此與他的哥哥打得頭破血流，直到他的哥哥無奈地承認：「好了，我不和你爭了，是你的法國，是你的。」

長大後，戴高樂進入聖西爾軍校學習，成績優異，被譽為未來的優秀軍官。第一次世界大戰期間，戴高樂為了法國的獨立英勇作戰，曾受傷三次，在凡爾登戰役中一度被誤認為已陣亡。

二戰期間，當法國政府準備和德國談判停戰時，戴高樂離開法國前往英國，並於 1940 年 6 月 18 日在倫敦發出著名的堅持抗戰號召。此後，他作為自由法國武裝力量的領袖，帶領人民積極反抗納粹德國。1958 年 12 月，戴高樂將軍當選法國總統。1965 年他成為首任通過全民普選當選的總統。

戴高樂一生，都是為了法蘭西民族的自由、民主、獨立、繁榮而奮鬥，他取得的豐功偉績，和他自小就以拯救法國為己任的責任感是密切相關的。

不一樣的人生

有個年輕人因為故意傷害而受審，記者問起他的生活以及他犯案的動機。他告訴記者，他生長在一個灰暗的家庭中。在他的記憶裡，父親總是喝得醉醺醺的，還打他的母親。他們一

家都是靠父親的偷竊所得過活，這也就是為什麼他從六歲開始就跟著偷竊的原因。他在犯下這起嚴重傷害案之前，曾因搶劫而被判過刑。在採訪的最後，他說了這麼一句話：

「我是那個灰暗家庭的犧牲品。」

但是這位年輕人還有個雙胞胎弟弟。記者知道之後，就前去採訪，他驚訝地發現：他與他哥哥是完全不同的人。他是一位律師，享有很高的聲譽。他的家庭和美，有一個小孩，生活得很美滿。

覺得不可思議的記者，問他這一路是怎麼走過來的。他陳述了與哥哥一樣的家庭背景，可是在訪問的最後，他說道：「經歷了多年那樣的生活，我體會到這樣的生活會把我帶往什麼樣的地方去。因此我開始思索，在這種條件下，要如何才能避免重演父輩的悲劇呢？」

同樣的基因、同樣的父母、同樣的環境，卻有著不同的看法和截然不同的反應，以致產生出不同的結果。為什麼在同樣條件之下的兩個人，會走出完全不同的道路呢？

答案是責任。把責任往別人身上推的時候，也就意味著把自己的人生之舵交給別人掌握。不去改變，不去承擔，勢必會破罐子破摔。這種不承擔責任的生活看起來很輕鬆，但是，將來必須為此付出更大的代價。

「不要問你的國家為你做了什麼，而要問一問你為國家做了

什麼。」這是約翰‧甘迺迪（John Fitzgerald Kennedy）當年競選總統的演說詞。有些孩子在逆境來臨時，老是喜歡埋怨這個、埋怨那個，卻從不在自己身上找問題。告訴他，先別問社會（父母）給了你多少，而是反問一下自己為社會（父母）做了多少貢獻。

▌給家長的悄悄話

勇於承擔責任不是天生的，而是靠家長和老師們在後天培養與引導出來的。適當地讓孩子為自己的所作所為負起責任，也是幫助孩子能早日成為勇於負責的人的最佳方法。

有個叫小路的 10 歲男孩，活潑好動，尤其喜歡踢足球。有一次，他在踢足球時，不小心踢碎了一塊鄰居家的玻璃。鄰居找上門來，要求小路的家長賠。小路的爸爸答應了鄰居的要求。

闖禍的小路向爸爸認錯後，爸爸讓他對自己的過失負責。

小路為難地說：「我沒有錢賠。」

爸爸說：「換塊玻璃要 400 元，我可以借給你，一年後還我。」

從此，小路就利用週末開始了賣報生活。經過幾個月的努力，這位男孩終於存夠了 400 元，還給了爸爸。這位男孩後來上國中時，在作文中這麼寫道：「透過自己的勞動來承擔過失，使我懂得了什麼叫責任。」

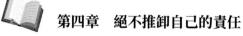

　　孩子沒有責任感，不應責怪孩子，而要檢討我們的家庭教育。許多父母對孩子在生活上倍加呵護，對責任感的教育卻嚴重不足，他們認為孩子還小，長大會慢慢意識到的。實際上，這是錯誤的認知。

　　有一位年輕的母親對兒子不合群、自私而感到煩惱，她去請教生物學家達爾文（Charles Robert Darwin）。達爾文問：「你的孩子多大啦？」她回答說：「快3歲了！」達爾文馬上嚴肅地說：「抱歉，你對孩子的教育已經晚了快3年！」這則故事告訴我們，對孩子責任感的教育應從小做起。

　　孩子猶如一張純淨的白紙，他一來到世界，就透過觀察大人們的一舉一動、一言一行來學習如何適應社會。身為家長應從平時做起，從小做起，讓孩子們隨時去感受，讓孩子們學會去關心他人、熱愛團體、熱心公益、尊敬師長，使這些成為孩子們日常行為的一種習慣，把這些教育作為培養責任感的過程中，由低到高，由淺入深，由表及裡的階梯。

　　孩子剛剛站到人生的起跑點上，特別需要家長的牽手引領，如果我們從孩子小時候就開始對他們進行責任感的教育，讓責任感與他們的成長同行，這將會使孩子終生受益，這才是家長對孩子表現出的大愛。

親子加油站：名人論責任

責任心就是關心別人、關心整個社會。有了責任心，生活就有了真正的含義和靈魂，這是對文明的至誠，它表現在對整體、對個人的關懷。 —— 穆尼爾‧納素

每一個人都應該有這樣的信心：人所能負的責任，我必能負；人所不能負的責任，我亦能負。如此，你才能磨練自己，求得更多的知識而進入更高的境界。 —— 林肯

高尚、偉大的代價就是責任。 —— 邱吉爾

要想使一個人顯示出他的本質，讓他承擔某種責任是最有效的辦法之一。 —— 毛姆

第四章　絕不推卸自己的責任

第五章
有時候困難是隻紙老虎

人生路上的困難雖有千種，但應變之道卻有萬法。每一種困難都需要高超的智慧去應對。有些困難只不過是水燒開前的噪音，你只需要有再添一把柴的耐心與行動就行了；有些困難卻是十字路口的紅燈，警告你不要一意孤行，這時你只需要另找一條適合自己的路；還有一些困難其實只存在於你的心中，你只需要大膽地打破自設的心理牢籠。

困難的三種類型

困難還有類型嗎？

有的。在現實生活中，困難大致可以分為三種。而不同的困難，需要用不同的方法去應對。

第一種困難叫「虛擬的困難」。這種困難存在於人們的心中，自以為碰上了大困難，其實不然。有個故事說的是，一群戰俘在討論自己的前途命運。如果什麼也不做，只有死路一條；如果試著去越獄，雖然危險，但有可能獲得生的希望。

最終大家都畏懼越獄的風險，選擇了坐以待斃。只有一個人不甘心這樣的結局，他站起來，朝著看似堅固的牆壁撞了過去。結果，他竟獲得了自由。原來那囚牢本來就沒有什麼堅固的牆壁，大家所見的囚牢不過是自己的想像而已。

這個故事看似荒誕，卻天天發生在我們生活之中。對自己能力的無端懷疑，對一件小事的過分專注，甚至對自己某一個想法的過分固執，都會導致我們把自己關進心中的死牢。

這是一類非常可怕的困難，正因為它是虛擬的，可以出現在任何時候、任何地方和任何條件下，成為我們生活中抹殺不掉的幽靈。不過，也正因為它是由我們自己虛擬出來的，所以，只要我們調整自己的心態，改變自己的想法，它也就會被消除掉，不再干擾我們的人生。

　　第二種困難叫「激勵性困難」。我們在躍過一道壕溝時，總是要後退兩步，給自己一個加滿油的準備動作，然後奔跑，起跳，完成跨越。這類困難就是發揮著這樣的作用。它告訴我們，我們正面臨著人生道路上的一個跨越，因此必須停下來，做好充分的準備，調集自己全部的能量，然後蓄勢而發，實現一次人生飛躍。

　　面對這樣的困難，我們所要做的就是認真地對待它，而不要懼怕它，運用我們全部的智慧去迎接它。許多偉人正是看到了這類困難後，才取得巨大的成功，他們不遺餘力地去戰勝這種困難，並且最終贏得了人生。

　　第三類困難是「保護性困難」。由於人們思考和能力的局限性，常常會走上錯誤的歧途，這時，亮著紅燈的困難就是一種警示，使我們意識到前面有危險，迫使自己回到正確的道路上去。

　　比如，臭氧層被破壞導致了大自然對人類產生報復，從中我們意識到生態平衡的重要意義。於是，我們開始治理環境、消除汙染，大力實施環保措施，以使我們能夠在一個和諧的環境裡健康生存。

　　對於這樣的困難，我們必須認真接受它給予我們的警示，不能再一意孤行，否則，最終不僅一事無成，還會導致更大的慘敗。所以，我們也可以稱眼前的這一類困難為保護性困難。

小竅門：孩子出現學習困難怎麼辦

孩子出現學習困難的原因比較複雜，有先天的因素，也有後天的原因。不良的教育環境、缺少適當的教育機會、富有刺激性的食物、過高的教材要求，都可能是促發學習困難的原因。

其中，家長的過度溺愛，也可能是孩子能力發展的一大阻礙。再者，一些家長對孩子期望值過高，也是影響孩子發展的一個重要原因。現在社會上各式各樣的特長班、興趣班層出不窮，有意識地培養孩子是必要的，但怎樣做才是科學的呢？

從孩子的發展角度來看，學前期和小學低年級正是鍛鍊孩子綜合能力的大好時機。應該在日常生活中仔細觀察，發現自己的孩子在哪些方面表現得較好，哪些方面顯得比同齡孩子落後，以便在早期就有意識地培養孩子的「短處」，為他的弱項能力多提供鍛鍊機會，使他的能力能夠比較均衡地發展。這樣孩子就不至於到上學時，因與同齡人差距太大而感到費力了。

在飲食方面也要加強注意。現在家庭的經濟條件比過去要富裕很多，但是兒童因偏食而造成健康狀況不良的現象，依然是一個較為常見的問題。嚴重的營養不良和學習障礙有著間接的關係。另外，過量的甜食、帶色素的零食以及帶有刺激性的碳酸飲料等，都會對孩子注意力的集中產生一定的不良影響。

▌講個「一點勇氣」的故事

「爸爸，我覺得我根本就沒有辦法登上這座山。」還在山腳下，壯壯就開始叫苦喊難。真的這麼難嗎？

一位法國記者在一次盛大的國家政要集會上採訪美國總統林肯。

記者問：「總統先生，據我所知，在您之前的兩屆總統都想過要廢除可惡的黑奴制度，《解放奴隸宣言》也早在他們那個時期就已經草擬出來，可是不知什麼原因，他們都沒拿起筆簽署它。請問總統先生，他們是不是想把這一偉業留下來，讓您去成就萬世英名呢？」

林肯的回答很簡單：「可能有這個意思吧！不過，如果他們知道拿起筆需要的僅僅是一點勇氣，我想他們一定非常沮喪。」

記者還沒來得及問下去，林肯的馬車就出發了，他一直都沒有明白林肯這句話的含意。

林肯去世 50 年後，那個法國記者才在林肯致朋友的一封信中找到答案。林肯在這封信中談到幼年時的一段經歷：「我父親在西雅圖有一處農場，地上有許多石頭。正因如此，父親才得以以較低的價格買下。有一天，母親建議把上面的石頭搬走。父親說，如果可以搬，主人就不會賣給我們了，它們是一座座小山頭，都與大山連著。」

「有一年，父親去城裡買馬，母親帶我們在農場裡幹活。母

親說：『讓我們把這些礙事的東西都搬走好嗎？』於是我們開始挖農場上的一塊塊石頭。不長時間，就弄走了它們，因為它們並不是父親想像的那種與大山相連的小山頭，而是一塊塊孤零零的石塊，只要往下挖一英尺，就可以把它們晃動、搬走。」

林肯在信的末尾說：「有些事情人之所以不去做，只是因為他們認為不可能。其實許多的不可能，只存在於想像之中。」

有些困難其實只存在於人的想像之中 —— 林肯對成功祕訣的解釋是多麼耐人尋味。成功或許僅需要面對困難時的一點勇氣。假如壯壯面對高山時能勇敢地發起挑戰，或許這個困難很快就會被他踩在腳下。

▌備選故事任你挑

如果你的孩子被困難嚇倒而退縮，你可以從以下備選故事中，選擇一個貼切的故事講給他聽，和他一起領悟故事所傳遞的意義。切記不要用居高臨下的姿態去「指導」他，而要用「循循善誘」的平等姿態與他進行交流、互動。

調整思考方向

很多事情，其實孩子本來可以做到，只是在一開頭他就被嚇住了，根本不敢接手。有一則故事能夠告訴他：如果他把做事的焦點對準「如何去做」而不是「這太困難了」，事情也許就會呈現一片完全不同的景象。

在一次颶風襲擊之後，加拿大一個叫做巴爾的小鎮有 12 人死亡，上百萬的財產損失。廣播電臺的副總裁鮑伯想利用在安大略至魁北克一帶的電臺幫助小鎮上的災民。

鮑伯召集了廣播電臺所有的行政人員到他的辦公室開會。他在黑板上寫下三個並列的「3」，然後他說：「你們想想，如何能利用 3 個小時，在 3 天中籌到 300 萬元好去幫助巴爾的災民。」會場一陣靜默。終於有人開口：「老闆，你瘋了，你知道這是絕對不可能做到的。」

鮑伯回答：「等等，我不是問你們……我們『能不能』或是我們『應不應該』。我只問你們……『願不願意』。」大家都異口同聲說：「我們當然願意。」於是鮑伯在三個「3」下面畫了兩條路。一邊寫著「為什麼做不到」，另一邊寫著「如何能做到」。鮑伯在「為什麼做不到」的那邊畫個大叉叉，說：「我們沒有時間去想為什麼做不到，因為那樣毫無意義。重要的是，我們應該集思廣益，把一些可行的點子寫下來，好讓我們能達到目標。現在開始，直到想出辦法來才能離開。」

又是一陣靜默。過了好久，才有人開口：「我們製作一個廣播特別節目在全加拿大播放。」鮑伯說：「這是個好點子。」並且隨手寫下。很快就有人提出異議：「這節目恐怕沒辦法在全加拿大播放，我們沒那麼多電臺。」這的確是個問題，因為他們只擁有安大略到魁北克的廣播電臺。鮑伯反問：「就是沒那麼多電臺才可能，維持原議。」這真是很困難，因為各個電臺業務

都相互競爭，照常理而言，是很難結合各個電臺來一起合作的。

　　忽然有人提議：「我們可以請廣播界赫赫有名的哈威‧克爾以及勞埃‧羅伯森來承包這個節目啊！」很快的，就有許多令人驚訝的妙點子陸續出現。討論後，他們爭取到 50 個電臺同意播放這個節目。沒有人搶功，只想著能不能為災民多籌些錢。結果，在短短三個小時的節目裡，在三天內，募捐真的到了 300 萬元。

　　本來看似是「不可能」的事情，僅僅是調整了一下做事的態度，就有了一個成功的結果。對於孩子來說，與其沉湎在「學幾何太難了」之類的無用哀嘆中，不如幫他調整為「如何學好幾何」。變負面暗示為正面思考，事情或許就會有變化。

心中的冰點

　　一家鐵路公司有一位調度員名叫尼克，他工作相當認真，做事也很負責盡職，不過他有一個缺點，就是他對人生很悲觀，常以否定的眼光去看這世界。

　　一天，鐵路公司的職員都趕著去幫老闆過生日，大家都急急忙忙地提早走了。不巧的是，尼克不小心被關在一個待修的冷藏車裡。尼克在冷櫃中拚命敲打著喊著，全公司的人都走了，根本沒有人聽得到。尼克的手掌敲得紅腫，喉嚨叫得沙啞也沒人聽到，最後只得頹然地坐在地上喘息。他愈想愈害怕，心想：冰櫃內的溫度只有 - 5℃，如果再不出去，一定會被凍死。

他只好用發抖的手，在工作筆記寫下遺書。

第二天早上，公司的職員陸續來上班。他們打開冷藏車，赫然發現尼克倒在地上。他們急忙將尼克送去急救，但醫生說尼克早已沒有生命跡象。大家都很驚訝，因為這節冷藏車故障了，它的冷凍開關根本沒有啟動，這巨大的車廂裡也有足夠的氧氣。更令人納悶的是，車廂裡的溫度一直是略低於外界溫度的 16℃，但根據尼克的遺書看，尼克竟然是被「凍」死的。

心中如果已經結冰，即使外面四季如春，也會冷徹骨髓。故事中的尼克，其實是死於心中的冰點啊！很多事情並不是自己被別人打敗了，而是自己被自己的失敗心理打敗了！

人生中能面臨最大的挑戰就是挑戰自己。有位作家說得好：「自己把自己說服了，是一種理智的勝利；自己被自己感動了，是一種心靈的昇華；自己把自己征服了，是一種人生的成熟。大凡說服了、感動了、征服了自己的人，就有力量征服一切挫折、痛苦和不幸。」

真的不可能嗎

在第二次世界大戰中期，美國空軍發現降落傘的安全性能有些不夠，經常會出現問題而摔死傘兵。儘管廠商已經很努力地將合格率提高到了 99.9%，但軍方並不滿意。因為 0.1% 的不合格率，意味著 1,000 個跳傘的士兵中有一個會因降落傘的品質問題而犧牲。

不過，軍方再怎麼不滿意，廠方也沒有多少辦法去改進，因為任何產品總難免有些不良品存在。雙方各有各的道理，矛盾似乎無法解決。最終，一個聰明的軍官想出了一個好辦法：每批降落傘在驗收時，均要求廠方派負責人隨機挑出一頂降落傘，自己親自從飛機上試跳。

　　這一著棋厲害無比，逼迫廠方將思考的重點，調整到如何保證 100％的合格率上。在這一攸關自己性命的考卷上，廠方不得不竭盡所能，將降落傘做到萬無一失。結果，在二戰中後期，這家工廠再也沒有出現因降落傘的品質問題而導致的悲劇。

　　你看，明明是「不可能」百分之百合格的產品，最終居然百分之百合格了。為什麼呢？因為這個貌似不可能解決的困難，不過是自己「心中的冰點」。

跳蚤人生

　　有科學家曾經做過一個實驗：往一個玻璃杯裡放進一隻跳蚤，發現跳蚤立即輕易地跳了出來。重複幾遍，結果還是一樣。接下來，實驗者再次把這隻跳蚤放進杯子裡，不過這次是同時在杯上加一個透明的玻璃蓋。「砰」的一聲，跳蚤重重地撞在玻璃蓋上。跳蚤雖然遇到了阻礙，但是牠不會停下來，因為跳蚤的生活方式就是「跳」。

　　隨著一次次被撞，跳蚤開始變得聰明起來，牠開始根據蓋子的高度來調整自己所跳的高度。再一陣子之後，這隻跳蚤

再也沒有撞擊到這個蓋子，而是在蓋子下面自由地跳動。一天後，實驗者把蓋子輕輕拿掉，跳蚤似乎不知道蓋子已經被去掉了，還是在原來的那個高度繼續地跳。

三天後，他發現那隻跳蚤還在那裡跳。一週後發現，這隻可憐的跳蚤還在這個玻璃杯裡不停地跳著 —— 其實牠已經無法跳出這個玻璃杯了。

現實生活中，是否有許多人也在過著這樣的「跳蚤人生」呢？曾經意氣風發，屢屢去嘗試，但是往往事與願違，屢屢失敗。經過幾次失敗以後，他們不是抱怨這個世界不公平，就是懷疑自己的能力。於是，不再努力去追求成功，而是一再地降低成功的標準，即使原有的限制已被取消，就像跳蚤遇到的「玻璃蓋」，但他們早已經被撞怕了，不敢再跳，或者已習慣，不想再跳了。

打擊不可怕，可怕的是一再的打擊讓人心生恐懼。屢敗屢戰說來容易，做來卻難，連以此屢敗屢戰而揚名立萬的曾國藩，也在幾次失敗後試圖尋死。有些時候生活就是這樣，在歷經挫折後，意志消沉，不敢再嘗試去跨越障礙。因為在心裡面默認了一個「高度」。「心理高度」是無法取得偉大成就的根本原因之一。

我要不要跳？能不能跳過這個高度？我能不能成功？能有多大的成功？這一切問題都取決於自我設限和自我暗示！孩子在將來的生活經歷和社會遭遇中如何認識自我，在心裡如何描

繪自我形象，也就是他能認為自己是個什麼樣的人，成功的還是失敗的人，勇敢的還是懦弱的人，將在很大程度上決定他的命運。而這一切都取決於家長對孩子的認識和評價，取決於家長在心理態度上如何引導，取決於孩子能否理解困難必須靠自己去克服。

▌給家長的悄悄話

　　當你的孩子遭遇困難，家長應該怎麼辦？儘管你知道，只要你插手幫助，孩子的問題就可迎刃而解。但應該這樣做嗎？

　　《無疚的母親》（*Motherhood Without Guilt*）一書的作者黛博拉・羅森堡（Debra Rosenberg）建議：「由一數到100，離開房間。在衝進去幫忙前，打電話給一個好朋友。」羅森堡說，要分析一下你真的能掌控狀況嗎？或者，你在面臨這種情況下所扮演的角色。例如，如果你不在身邊，那個困難的狀況還會發生嗎？如果答案是肯定的，那麼，該問題和你無關，不應該由你來解決問題。你要做的是，對孩子表示你的愛和支持，傾聽、再傾聽，不要盲動。

　　美國一位已經有四個孩子的母親，她似乎總是過得很悠閒，對她的生活感到很滿意。她的建議是：當孩子在生活中遇到難題時，先細細觀察一陣子，留出一個緩衝期，不要盲動；如果困難一直持續，而孩子確實無力解決時才介入。她說：

「我告訴自己，他們自己會想出解決問題的方法，船到橋頭自然直。不需要家長大驚小怪，庸人自擾。」

這個忠告的背後值得我們關注的是：讓孩子自己解決困難需要時間，焦急並不能解決問題。大多數人變成「消防隊母親」（或「急救隊父親」）的原因是：直接介入解決問題，產生的結果較快；而扮演支持者和讓孩子自己解決難題所需的時間較長。真正想幫助自己的孩子，就需要多一些耐心，接受孩子的處理方法，多給他們一些自己解決困難的時間。

家長不要太過保護的同時，還必須扮演好支持者的角色。就像訓練幼兒自己上廁所，或獨自睡自己的床，多給他們一些時間，這需要有一個漸進的過程。聰明的家長大都懂得，多給孩子一些時間和空間，也就等於為自己省下了時間。

親子加油站：幫助孩子樹立自信

　　我們成年人都知道，現實世界並不總是公平的，所有努力也並不一定都會有好的結果，甚至我們可能有許多努力還沒有被人看見。同樣，孩子的世界也是如此。當孩子遇到挫折時，能夠跟家長傾訴自然是最好的，但很多時候，他們不敢講、不想講，可能是因為他們曾經隱約透露過，卻被父母親忽略了；或當時沒處理好而喪失信心；也很可能不知從何講起；還覺得沒有人理解他們，乾脆埋藏在心底，自己承受。

　　家長在平時，要幫助孩子增添與儲存面對困境和挫折時的能量，以及讓孩子知道，即使自己很平庸但仍然可以很快樂。還可以找一些適合的影劇作品推薦給孩子看。比如劇中主角曾經遭受過傷害（背叛、排擠、誤解）可是，最後總能闖過難關等，這種故事情節可以幫助孩子在以後碰到同樣困難時，有信心去面對以及學會尋找解決困難的方法。

第六章
沒什麼也不能沒有勇氣

　　石縫中的野草，懸崖上的松柏，暴風雨中的海燕……它們並非具有天生的神力，但是它們卻創造了人們想像不到的奇蹟。這是因為它們具有挑戰「不可能」目標的勇氣。

　　一個人在遭遇挫折時，缺乏面對的勇氣，那麼，他的自信就會受到挑戰，對生命也不再充滿熱情。「勇氣」對一個人來說，如同生命的能量，不可或缺。

　　誰都無法描繪出孩子未來的生命藍圖，但無論怎樣，挑戰與壓力是一定會出現在生活路程中的。這時，你希望孩子以什麼樣的態度去面對？

▌勇敢地跨出你的腳步

有一個古老的故事，千秋萬代這樣地流傳著：

在很久很久以前，有一道很高很高的牆，牆裡面到底是什麼，誰也不得而知，只是人們對它有著許多美麗神奇的幻想和傳說。

一天，一位 20 歲左右的青年來到了這道高牆唯一的門前。門旁聳立著一尊巨人，身高一丈開外，橫眉豎目，執戟而立，威風凜凜，大有「一夫當關，萬夫莫敵」之勢，令人望而生畏，畏而卻步。這位青年戰戰兢兢地走到門邊，小心翼翼地問：「您可以讓我進去嗎？」

「可以，但得看你有多大的本事。而且，裡面還有很多牆，還有很多的門，每一扇門都有一個守門人，我只不過是其中一名罷了。」

青年猶豫了一下，還是退了回來。

第二天，他在門外向門內張望，心想：裡面一定有罕世奇觀。但看看高大威嚴的守門人，他又膽怯了。

第三天，他在門外徘徊，又想：裡面一定會有曠世奇遇。可是守門人那鐵板般冷漠的臉打碎了他的夢，於是他又無可奈何地退回來了。

第四天……

第五天……

　　花開花落，春去春回，寒暑交替，人世變幻，當年的青年不再年輕，已是皺紋滿面，鬢毛如霜，當死神即將來臨，他氣息奄奄地抬了抬眼皮，有氣無力地向守門人招招手，示意他過去。守門人向這位陪伴了幾十年的「夥伴」走來，他有氣無力地問道：「您能告訴我，門裡面到底有什麼嗎？」

　　守門人嘆道：「你在門外猶豫了幾十年，為什麼不邁出這一步呢？萬事開頭難，第一步確實難，因為如果不成功，會丟人現眼，會被人取笑，但是我們何不『走自己的路，讓別人去說』呢？」

　　那位白髮蒼蒼的「青年」，苦苦地笑了笑，默默地闔上了雙眼，帶著無盡的遺憾和懊悔離開了人世。

　　如果這位青年當初勇敢地邁出那一步，也許就別有一番「景致」在心頭了，或許還會改變一生的命運。可惜他沒有這樣做。

　　這個故事生動地告訴我們：一個人光有理想和目標是遠遠不夠的，更重要的是，要有實現理想和目標的勇氣與行動。

　　一位哲人說：「只有弱者，才會聽任命運的支配和驅使。而強者卻相信自己的力量，不論面對何等艱苦危難的境地，總是滿懷信心地扼住命運的咽喉，與種種殘酷的厄運搏鬥，做主宰自己命運的主人。」

　　希臘有句諺語：「勇氣是上天的羽翼，怯懦卻引人入地獄。」缺少勇氣的孩子是可悲的，這將意味著他們無法施展自己的才

能，展現自己的才華。面對這個紛繁複雜的世界，只有勇於展開翅膀飛向藍天的學生，才能享受到飛翔的快樂，才能俯瞰到大地的壯觀，才能到達知識殿堂的大門。

生活讓我們成長，成長讓我們失去了很多，但是也讓我們學會了很多。像生活對逆境的另一種詮釋，逆境與順境一樣，都是生活最忠實的朋友，只是逆境調皮了一點而已。不要總是埋怨命運的不公，也不要整天抱怨生活欠了自己什麼，因為生活根本就不知道我們原本是誰。

人生的長河奔騰，必然翻湧著難以預測的旋渦和逆流，必然會遭遇難以數計的迂迴和曲折，沒有人能夠一帆風順就輕易地走完人生長河。成天埋怨命運，抱怨生活的人，就是因為太想一帆風順了。我們欣喜地接受順境，無比樂意；逆境來臨時，我們也要有度量去接受它。因為，很多時候，逆境比順境更能讓我們學會成長和生活。

小竅門：培養孩子勇氣的四大禁忌

1. 對孩子期望過高。
2. 過度保護，使孩子失去對挫折的忍耐力。
3. 指責、語言打擊，否定孩子能力。
4. 經常與孩子的同伴做比較。

▌講個「勇敢的拿破崙」的故事

　　對於奔湧向前的河流來說，前方布滿著數不清的急流和暗礁，但它從不抱怨什麼，因為只有經過急流和暗礁的洗禮，才能激起美麗的浪花，也才能唱響生命的歡歌；對嗷嗷待哺的小鷹來說，展翅高飛的歷程充滿著未知的荊棘和坎坷，但牠們從不畏懼什麼，因為只有迎難而上，才能磨練出強健有力的雙翅，也才能無愧於「王者」的稱號。

　　西元 1796 年 3 月 10 日，拿破崙面對奧地利人的攻勢，在羅迪架起橋。在橋的這邊還集結了法國軍隊，那是由 6,000 人組成的軍隊。拿破崙在橋頭集合了 4,000 名榴彈兵，前面又布置了 300 名槍手。隨著第一聲戰鼓的敲響，最前面的士兵在一片霰彈的爆炸聲中衝出了街牆的掩護，試圖通過大橋的入口。但突然間，衝在前面的士兵紛紛倒下，如同收割機前的穀子一般。緊接著，整個法國軍隊停滯不前了，有人甚至開始退縮，英勇的榴彈兵被眼前的情形嚇得驚慌失措。

　　拿破崙一言不發，甚至沒有流露出一點責備的意思。他親自來到隊伍的最前面，他的助手和將軍也衝到了他的身旁。由拿破崙打頭陣的這支隊伍跨過前進道路上的士兵屍體快速前進，僅用了幾秒鐘就越過了幾百碼的距離。奧地利人射出的子彈根本不能阻止法軍快速前進的步伐。對於奧地利軍隊的射擊手來說，法軍前進的速度實在是太快了。

奇蹟就在突然之間出現了：奧地利的炮手幾乎在瞬間放棄了他們的武器，他們的後援力量也沒有膽量衝上前與法國士兵交戰，而是在驚恐中四散逃跑了。就這樣，拿破崙站在了征服奧地利的前夜。

與其說拿破崙用武力征服了對手，還不如說他用勇敢征服了對手。膽量、勇氣和魄力無疑是這個時代重要的品格。許多成功人士都是依靠勇氣在事業上勝人一籌、取得成功的。

逆境是人生的試金石。如果在遇到挫折、失敗時只有抱怨，看到的將全是陰影，那麼我們也將在逆境中倒下、沉淪；而用一種積極樂觀的心態去看待這些挫折和失敗，那麼所有暗淡的際遇都將成為我們躋身的階梯、人生的點綴。逆境就像一座大熔爐，煉出的是真金，淘汰的是渣滓。那些埋怨命運、抱怨生活的人，只能是逆境熔爐撇出的渣滓。

▎備選故事任你挑

面對生活的逆境，我們除了要有勇氣去接受它，還要有勇氣、有毅力去挑戰它。有句話說得好：「勇氣毅力並不值錢，但你相信它，它就會迅速增值；點燃它，它會燃燒，釋放能量」。對勇者來說，世上沒有過不了的坎。憑著「雖九死亦不悔」的執著，憑著螞蟻啃骨頭的頑強毅力，我們完全可以從逆境中掙脫出來，重新面對生活。

真正的勇敢

勇敢是什麼？是敢挑釁一條大型流浪狗？是敢站在鐵軌上等火車離自己很近時再跑開？還是敢在老師講課出現錯誤時指出來……

在孩子的世界觀裡，勇敢往往和逞能、魯莽、叛逆，甚至是不怕死混雜在一起。如何讓他們明白真正的勇敢是什麼呢？看看這個故事。

美國德克薩斯州的教士里蒙克德，是教堂裡一個其貌不揚的人，他既沒有懷特教士那樣高大的身軀和洪亮的嗓門，也沒有主教那樣淵博的學識和儒雅的風度。不過里蒙克德教士一向以善為本，他到處不辭辛苦地向人們宣傳教義，告誡人們要一生行善。他的這些行為，使得那些最初認為他毫不起眼的人，感到了心靈深處的一絲觸動。

由於一心向善，里蒙克德教士一生當中從不殺生，每當看到別人或者其他動物悲慘地死去時，他都會盡可能地為他們超渡亡靈。而且他還從來不做違背教義的事。為此，包括懷特教士在內的一些夥伴都嘲笑他「過於循規蹈矩並且不夠勇敢」。對於別人的議論，里蒙克德從來都沒有爭辯過，彷彿自己真的就是一個怯懦的人。

南北戰爭時期的一天夜裡，德克薩斯州受到了昆特瑞爾的遊擊隊突襲。還在睡夢中的衛兵們被支持奴隸制的南方遊擊隊

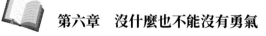

殺得一乾二淨，整座城已經沒有任何安全保障了。進入城裡的遊擊隊到處搶劫、殺戮，就連教堂也被占領了。

他們到處作惡，幾乎遇見一個殺一個，即使人們百般懇求，他們殺起人來也不會眨一下眼睛。如果被他們認定為是廢奴論者，那更是必死無疑。這就是震驚世界的「勞倫斯大屠殺」。

當一名遊擊隊員手持槍枝闖進里蒙克德教士的房間時，里蒙克德教士剛剛穿好衣服。這名遊擊隊員惡狠狠地用槍把教士抵到牆角，然後問道：「你是支持廢除黑奴的北方佬嗎？」

里蒙克德教士沒有像遊擊隊員想像中的那般驚恐，他仍舊用平常那種平靜的聲音回答對方：「是的，我是。你知道得很清楚，你們應該為現在的行為感到羞恥。」

遊擊隊員愣在了那裡，他被里蒙克德教士的一腔正氣鎮住了，然後他托著槍枝的手漸漸垂了下去。里蒙克德抓住遊擊隊員的手指向窗外，同時說道：「看看你們犯下的罪孽，你們難道就沒有一絲一毫的憐憫之心嗎？你們難道看不到那些被殺害者眼中的痛苦和悲憤嗎？你們同樣有父母兄弟、妻子兒女，窗外的那些人和你的親人一樣都有生存的權利！」

遊擊隊員突然大哭起來，然後像一個虔誠的懺悔者那樣，開始接受里蒙克德教士的教誨。當大屠殺結束時，里蒙克德教士仍舊在教堂中布經講義，仍舊像往常一樣樂善好施，因為自己的勇敢，他比那些死在大屠殺中的人多活了二十年。

過去一向嘲笑里蒙克德的懷特教士，和許多人一樣死於那次大屠殺。據說，他是在遊擊隊員闖進房間前吞服毒藥而死。

真正的勇敢並不是在一些細枝末節的事情上逞能，而是在面臨嚴重威脅時，表現出的大義凜然和毫不退縮。勇敢也不是被動地接受眼前的一切，而是以自己的勇氣戰勝和壓倒邪惡，使對方做出讓步。

尋找勇氣

有一個青年跋山涉水去尋找勇氣。用了三個月的時間，他找到智者面前：「我不遠萬里而來，想尋找勇氣。」

智者說：「先挨我一棒再說吧！」說完打了青年一棒，叫青年明天再來。

第二天一早，他又來到智者跟前。

智者說：「先挨我一棒再說吧！」說完打了青年一棒，叫青年明天再來。

第三天第四天第五天，青年去敲門，智者均將青年打了一棒之後又打發走了他。

第六天青年去尋找勇氣，智者說：「先挨我一棒再說吧！」

青年這次沒有等智者的棒子打到自己，就一把搶了棒子扔到地上，大聲抗議：「每次我來，你都這樣消遣我，我到底要何時才能找到勇氣？」

智者笑咪咪地看著青年說：「這不，你已經找到了勇氣！」

原來，勇氣就是勇於行動。成功的人和失敗的人，最大的區別不在智力的強弱和能力的大小，而在於是否相信自己、是否勇於冒險，勇敢對自己的判斷採取果斷的行動。勇氣就是遭遇困難時頭不會低。

所謂英雄

　　一個孩子問他參加過無數戰爭的爺爺：「爺爺，冒著機關槍的掃射，踩著被埋了地雷的山路前進時，你害怕嗎？」

　　爺爺回答：「當然，孩子。」

　　「那為什麼別人都說你很勇敢呢？」孩子有點迷惘。

　　「爺爺很害怕，不過爺爺能克服恐懼的心理，沒有絲毫猶豫，毫不遲疑地向前衝鋒。」

　　有部美國戰爭片中的臺詞，大意是：所謂英雄，並非沒有恐懼，而是能夠戰勝恐懼的人。用這句話來表達勇敢，同樣非常合適。勇敢是什麼？勇敢就是明明感到害怕，卻還是要去做！

　　每個人都會有恐懼，但只有極少數的人去挑戰恐懼，並且戰勝它。他們身上擁有一個共同的特點，那就是勇敢！

一個人的部隊

　　奧里森·馬登（Orison. S. Marden）被稱為美國現代成功學之父，在他的《高尚品格》一書中，記錄了下面這則故事。

奧弗格納城的一個衛戍巡邏戰士，困在了被包圍的城堡中，他不斷地對敵人進行射擊，從一個窗口換到另一個窗口，這樣既可以進攻又可以有效地保護自己。而當整個城市的投降協議簽署完畢之後，對方要求城堡中的「衛戍部隊」也出來投降時，令所有人感到吃驚的是，只有一個人走了出來。就是那個「最勇敢的法國第一槍手」，而且他還扛著自己的武器。

奧地利軍隊的指揮官對著他大叫：「你們整個衛戍部隊必須放棄城堡！」接著又問：「你們的部隊在哪裡？」這個唯一還在守衛城堡的戰士驕傲地答道：「我就是。」

一個戰士就是一支部隊，這個戰士是一個多麼勇敢的人！這種人無愧於擁有「高貴的品格」的稱號。一個高貴的人，一定是一個勇於面對一切的人。

一個永不喪失勇氣的人是不會被打敗的。就像英國著名詩人彌爾頓（John Milton）所說的：

即使土地喪失了，那有什麼關係？
即使所有的東西都喪失了，
但不可被征服的志願和勇氣，
是永遠不會屈服的。

說「不」的勇氣

培養孩子的勇氣，要從點點滴滴的小事做起。人的一生，大是大非的勇敢，畢竟很少遇到。

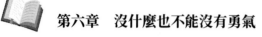

第六章　沒什麼也不能沒有勇氣

　　美國青年漢斯剛出社會工作不久，姑媽來到這個城市看他。漢斯陪著姑媽把這個小城轉了轉，就到了吃飯的時間。

　　漢斯身上只有 20 美元，這已是他所能拿出招待對他很好的姑媽的全部資金，他很想找個小餐館隨便吃一點，姑媽卻偏偏相中了一家很體面的餐廳。漢斯沒辦法，只得隨她走了進去。

　　兩人坐下來後，姑媽開始點菜，當她詢問漢斯意見時，漢斯只是含混地說：「隨便、隨便。」此時，他的心中七上八下，放在衣袋中的手不時緊緊抓著那僅有的 20 元。這錢顯然是不夠的，怎麼辦？

　　可是姑媽完全沒注意到漢斯的不安，她不停地誇讚著這裡可口的飯菜，漢斯卻什麼味道都沒吃出來。

　　最後的時刻終於來了，彬彬有禮的侍者拿來了帳單，直接向漢斯走來，漢斯張開嘴，卻什麼也沒說出來。

　　姑媽溫和地笑，她拿過帳單，把錢拿給侍者，然後盯著漢斯說：「年輕人，我知道你的感覺，我一直在等你說不，可你為什麼不說呢？要知道，有些時候一定要勇敢地把這個字說出來，這是最好的選擇。我這次來，就是想要讓你知道這個道理。」

　　在你力所不能及的時候要勇敢地把「不」說出來，勇於說不的人才能在一開始就讓事情往更好的方向發展，才能在合適的時候去承擔合適的責任。做一個實事求是的人，同樣需要有勇敢。在應該說「不」的時候大膽地把「不」說出來吧！

▌給家長的悄悄話

你知道嗎？勇氣是後天培養的。如果父母幫助孩子儲備這份生命的能量，那麼孩子就有力量克服挫折，面對挑戰。

有人認為，膽小的孩子可能有完美主義傾向，生怕自己做錯了什麼而不敢去做。還有人認為，膽小的孩子可能有很強的自尊心，總擔心自己受到別人的訓斥而不敢去做。此外，膽小的孩子還可能有著強烈的不安全感，總擔心自己會受到傷害而不敢去做。

膽小在很大程度上來自於先天，但後天的教育也不無影響。所以，如果能給膽小的孩子一個適宜的家庭環境，膽小的孩子同樣也可以勇敢地去迎接生活的挑戰。

被稱為「鐳的母親」的瑪里・居禮（Madame Curie），是世界著名的科學家，她不僅在事業上取得了輝煌成就，在對女兒的教育上也非常成功，她的長女也曾獲得諾貝爾獎。

瑪里・居禮一心鑽研科學，很晚才結婚。婚後她生了一個女兒叫伊雷娜。伊雷娜出生後，瑪里・居禮把她當作掌上明珠，疼愛地叫她「我的小皇后」。每天她都把女兒的體重、飲食和乳齒的生長情況記錄下來，就像觀察鐳一樣細緻地觀察女兒的生長發育情況。

伊雷娜的膽子很小，連雨天打雷她都怕。瑪里・居禮心想：一個人要在科學上有所發明創造，膽小怕事是不行的。於是便

特別注意培養她不怕雷鳴的勇氣。一次夜裡下大雨，瑪里·居禮悄悄地到女兒房裡一看，伊雷娜正用被子蒙住頭呢！瑪里·居禮掀起被子，把她領到窗前，給她講雷電的原理。從此，女兒的膽子漸漸大起來了。

瑪里·居禮並不鼓勵孩子們進行雜耍式的冒險，不喜歡她們輕率魯莽，但是鼓勵她們勇敢嘗試。她教育女兒們不要「膽小怕黑」，不許她們在打雷下雨的時候用枕頭遮住頭，不許怕賊或怕生病。雖然她的丈夫死於車禍，可是她仍舊放心地讓孩子們從十幾歲起就單獨出門。

瑪里·居禮絕不讓女兒成為坐享其成的人。瑪里·居禮曾經經歷過憂患的幼年、勞苦的童年和貧困的少年，幾乎不能得到學習的機會，她不希望自己的女兒也過這樣的生活。但是，她更不願意她們過奢侈的生活。有幾次，瑪里·居禮有機會可以讓兩個女兒得到一大筆財產，然而她不肯那樣做。她認為，貧寒固然不方便，太富裕也是多餘而且令人討厭的，女兒們將來必須自謀生活。

瑪里·居禮同時也督促女兒鍛鍊身體。每天功課一做完，她就帶兩個孩子到外面去。不論天氣如何，她們總要步行很長一段路，並且進行一些體育活動。瑪里·居禮還在花園裡設了一個秋千，讓女兒運動。她還把女兒送到體操學校去學體操。

夏天，她就和孩子們一起下水，指導她們游泳。當大女兒

剛剛能獨自站立的時候，便被媽媽帶到河裡去游泳。頭幾次，她嚇得大哭，第四次就高興地拍水嬉戲了。瑪里‧居禮非常注意使孩子們的手和肢體不斷受到鍛鍊，所以還讓她們學園藝，學烹調和縫紉等。

在瑪里‧居禮的教育下，她的女兒成了很出色的人。身為家長，應該從瑪里‧居禮身上學習很多東西。

親子加油站：運動提升勇氣

孩子可以從運動中獲得勇氣與自信。體能強健的孩子，勇於嘗試，不怕失敗，有能力也願意接受更多的挑戰，因為他充分了解自己的能力，會巧妙地協調身體，因此也能享受自由控制身體所獲得的自信與成就感。如，當孩子練習攀爬時，開始可能只敢爬到 1 公尺的高度，經過訓練和鼓勵，孩子嘗試爬到了 2.5 公尺高處，以後他會更有自信和勇氣。

那麼在日常生活中，哪些運動可以提升他們的勇氣與自信呢？

1. 攀爬，培養孩子的協調、平衡、膽識。
2. 帶孩子去公園、郊遊、爬山。
3. 鼓勵孩子們上好體育課。
4. 練習自行車也是不錯的勇氣培養法。

切記：孩子要了解自己的身體，懂得身體的控制，才會有自信。父母不妨帶著孩子一起試試「運動勇氣培養法」吧！

第六章　沒什麼也不能沒有勇氣

第七章
微笑著抹去眼角的淚水

　　微笑是人們心靈深處盛開的一朵無語之花，生長的一棵忘憂之草。作家古龍曾說過：「微笑時可以應付一切的表情 —— 冷漠、熱情、嘲諷、仇視、關懷、成功、失敗……」確實，應該讓孩子們懂得，微笑可以讓一切困難迎刃而解，微笑也是激勵孩子們邁向成功的力量。

▌微笑的生活沒難題

　　學會用微笑的方式面對逆境，是一種非常明智的態度。德國作家威爾科克斯說：「當生活像一首歌那樣輕快流暢時，笑顏常開乃易事；而在一切事都不妙時仍能微笑的，才活得有價值。」微微一笑很簡單，但要讓孩子在苦難面前仍然流露出笑容，勇敢地去面對卻不是件易事。

　　有一個小鎮很久沒有下雨了，令當地農作物損失慘重，鎮上的居民情緒也變得低落，有的人甚至提出應該遷移小鎮。鎮長召集居民在廣場，準備選派一人去市政府申請援助，卻不知道應該選誰去？大家眾說紛紜，加上天氣炎熱，人們開始躁動。

　　此時，出現了一幕令鎮長欣喜的場面，一個小女孩面帶笑容，手裡拿著一把傘向廣場走來。鎮長目光一直注視著，小女孩天真的笑臉慢慢向他迎來。鎮長激動地說：「那位小女孩讓我很感動。」廣場上的人們頓時安靜下來，順著他手指的方向看著小女孩。

　　鎮長說：「今天我們來選派一個人去市政府申請援助，但整個廣場只有她一個人面帶笑容和拿著雨傘，她給予我們的不是簡單的一個微笑，不是簡單的一把雨傘，而是一種希望，一種新生活的希望。我準備選派她去，就這樣帶著笑容和雨傘去。」聽了鎮長的話，大家都低著頭，緊接而來的是一陣掌聲與淚水交織的美景。

微笑帶來的是生活的達觀，新生的希望，哪怕是在最艱苦的時刻，一個微笑既可以感動自己，也可以感動他人，更能感動整個世界。你微笑，世界也在微笑。讓孩子在面對困難時，在眾人失望時，也能微笑著對自己，對別人，生活就不再因失望而黯然失色。

小竅門：孩子在遇到挫折時放聲大哭怎麼辦？

很多家長最苦惱的、最心煩的事，大約就是孩子的哭了。孩子一哭，家長的心就會亂，不知道如何去哄他們開心。那麼，孩子在遇到挫折後放聲大哭時應該怎麼辦呢？

1. 應該不厭其煩地允許孩子大聲地哭出來，哭到孩子不想再哭的時候，再以微笑面對他。
2. 不要流露出不安，也不需要給孩子什麼忠告，此時他們聽不進任何話。
3. 切忌對孩子大聲責罵，不然孩子會越哭越傷心。
4. 輕輕把孩子摟在懷裡，讓目光相接，溫和、鼓勵的眼光是對他們最大的支持。

從「劫匪投降」談起

一天清晨，在美國底特律的街頭，一輛鳴著警笛的警車疾馳追趕一輛慌不擇路的白色麵包車。麵包車上，一名持槍男子

瘋狂地踩著油門奪路而逃。他叫道格拉斯‧安德魯，曾經是一位職業拳擊手。就在 20 分鐘前，窮途潦倒的他持槍搶劫了一個剛從銀行提款出來的婦女。他之所以鋌而走險，是因為太需要錢，他覺得只有錢才能改變他潦倒的生活和無助的命運。

在他搶劫後，接到報警訊息的巡警在第一時間鎖定了這輛麵包車，並展開追捕。安德魯駕駛的麵包車在人潮洶湧的大街上，像沒頭蒼蠅一樣疾馳，最後被逼進了一個住宅區，走投無路的他拎著鉅款躲進一幢民宅裡。

他氣喘吁吁地跑上樓，發現一扇虛掩著的門，便闖了進去。首先映入眼簾的，是一個身材頎長的女孩正背對著他坐在窗前插花。他將黑洞洞的槍口對準了女孩，要是她膽敢呼救或反抗的話，他就會毫不猶豫地扣動扳機。

女孩顯然也被他的聲音驚擾了。「歡迎你，你是今天第一個來參觀我插花藝術的人。」女孩轉過身來，笑靨如花。

安德魯驚住了，放在扳機上的手指下意識地鬆弛下來，因為呈現在他眼前的是一張陽光般燦爛的笑臉，而且她竟是一個盲人！她並沒有意識到，此刻她所面對的是一個走投無路、窮凶惡極的持槍歹徒，所以她的笑依然是那麼甜美，在那些美麗鮮花的映襯下更顯得楚楚動人。

「你一定是從電視上看到關於我的報導，才趕來看我插花的吧？」就在他發愣的當口，女孩幸福而自豪地笑著說：「沒想到，在我即將離開這個世界的時候，大家都這麼關心我，這幾

天前來看我的市民絡繹不絕，都說是我對生活的熱愛給了他們活下去的勇氣呢！」

女孩咯咯地笑了起來，她的天真以及對一個闖入者的毫不設防，讓安德魯的情緒漸漸平穩下來。他竟真的按照女孩的指引，開始欣賞女孩的那些插花了。紅的玫瑰、白的百合等在窗臺上展示著不可抗拒的美麗。安德魯突然對這個女孩產生了好奇：「妳剛才說妳即將離開這個世界？」

「是啊，難道你不知道？我有先天性心臟病，醫生說我最多活到 19 歲。還有幾天就是我 18 歲生日了。」

「我為妳感到遺憾，也許妳現在和我一樣最缺的是錢了，要是能有更多的錢，也許妳會很快樂地生活下去！」想起自己的困窘生活，安德魯苦澀地笑笑。

女孩微笑著對他說：「你說錯了，即使有再多的錢也治不好我的病。我現在雖然沒有錢，但我感覺到了活著的快樂，我反而為那些用自己的生命換取金錢的人感到可悲，因為他們並不知道，快樂與否跟金錢無關。」

女孩的話一下子在安德魯的心靈深處掀起了一股狂瀾，此時此刻的自己，不正是用自己的生命換取金錢嗎？

趕來增援的員警已經將這個住宅區包圍得水泄不通，他們並不知道此時在這間屋子裡所發生的一切。前來搜捕的腳步聲越來越近。

「妳的插花真美，就像妳的微笑那樣讓人著迷。我要去上班

了，再見！」說著，安德魯拿起一束花叼在嘴裡，然後輕輕關上門，走出了她的家。

荷槍實彈的員警沒費一槍一彈就抓獲了安德魯。員警給他戴手銬的時候，他只說了一句話：「請不要驚動那個女孩，更不要告訴她剛才發生的一切，好嗎？」

第二天，一個嘴裡叼著一束花，高舉雙手向員警投降的照片在當地媒體登載出來。女孩叫凱薩琳，是一個身患重症但熱愛生命的美國女孩。也許她到現在也不知道，在那個平凡的清晨發生了怎樣一件震撼人心的事。

人們也許會思考，到底是什麼力量讓窮凶惡極的歹徒放棄抵抗而得到人生回歸的，是凱薩琳推心置腹的話語？還是安德魯突然產生的對生命的不捨和渴望？

一週後，在美國當地媒體對這一事件的後續報導中，引述了劫匪安德魯一番發自肺腑的話：「我最應該感謝的是凱薩琳的微笑，如果沒有她那燦爛的一笑，根本就沒有使我們兩個活下來的機會：她會死在我的槍口之下，而我則會在負隅頑抗中死於亂槍之下！是她的微笑救了她自己，也救了我……雖然她是一個盲人，但她顯然懂得微笑對一個人的偉大意義。在此之前，要是對我少些冷漠，多一些微笑，也許我就不會在人海茫茫中孤立與迷失自己，從而做出鋌而走險的事來。這是我用即將到來的牢獄之災，換來的最為深刻的人生感悟……」

你看，微笑能讓一個凶殘的悍匪放下殺人的武器，微笑的力量是多麼巨大！

告訴你的孩子：你微笑，世界便也會對你笑；你埋怨，則只有你一個人在角落裡孤獨地哭泣。你埋怨的時候，本來就應是孤獨的，因為埋怨是一種自私的、幼稚的行為，其意思就是你為自己憂愁而埋怨。別人可不願因為你的流淚而跟著傷感痛苦，他們一定會趕快離開你。如果你能對著自己的不幸微笑，世人便會都來幫你戰勝不幸的厄運。

你可以微笑著進入別人的內心，但是埋怨著就很難進入別人的內心了。你靠埋怨，或許能暫時得到別人的同情，可是如果你想長期向人訴苦，別人不久就會對你產生厭倦。如果你一直微笑著，別人反而會更愛你。

█ 備選故事任你挑

如果長相不好，就讓自己有才氣；如果才氣也沒有，那就學會微笑。微笑意味著成功，意味著魅力，走上成功大道的路有千萬條，微笑是一條最好的捷徑，也是一條必經之路。不管孩子是否遇到困難，微笑是必備的，因為微笑是孩子飛越崇山峻嶺抵達成功的隱形翅膀，是孩子成長的第一筆財富，孩子有了這第一桶金，才有資本去讓人生升值。

我仍會面帶微笑

在一個照相館門口，有個衣著樸素的婦人帶著一個 4 歲的男孩路過。

他們在櫥窗邊停住，用羨慕與欣賞的眼光看著櫥窗裡展示的漂亮相片。孩子拉著媽媽的手說：「媽媽，我們也照一張相吧！」

媽媽彎下腰，把孩子額前的頭髮攏到一旁，慈祥地說：「不要照了，你的衣服太舊了。」

孩子沉默了片刻，抬起頭來說：「可是，媽媽，我仍會面帶微笑的。」

「可是，媽媽，我仍會面帶微笑的。」這句話可謂石破天驚！

試問一下，在生活中，如果我們每個人都像那個小男孩一樣貧窮、衣衫襤褸，甚至一無所有，我們會像他一樣從容、坦然、開懷地微笑嗎？我相信，在這個世界上沒有任何一樣東西，能比一個燦爛開懷的微笑更能打動人們的心。

微笑是什麼？有人說是表情、是心情。我想，微笑是一種振作，是一種堅強，是一種超脫的魅力；微笑是一種風度，它具有熱情和友善，具有接納和體貼，具有寬容和豁達，具有輕鬆和樂觀。

一笑千金的女孩

再美的臉龐，也會因為沒有微笑而失色。反之，再平常的臉龐，只要有了微笑就會生動起來。如果你的孩子因為自己的相貌而怨聲載道，不妨遞給孩子一面鏡子，讓孩子去鏡子裡發現微笑的魅力。

在一個偏僻的小鎮，有個小女孩因為三歲的時候，不小心被刀劃破了臉，在臉上留下了一道深深的刀疤。所以孩子們常常會嘲笑她是「刀疤女」，沒有孩子願意和她一起玩。

一天早上，女孩面對著鏡子微微笑了一下，刀疤也笑成了一道弧線，很美很美，所以她決定今後以微笑對人。漸漸的，孩子們也覺得她笑起來真的很美，就不再疏遠她了。但是孩子們還是不喜歡和她玩，女孩反倒是堅信自己的微笑是美的。所以無論對誰，她都會以微笑示人。

一天，鎮上來了一個非常富有的人，但是看得出來，那個富翁並不快樂，愁緒滿懷，垂頭喪氣地走在路上，無心欣賞路邊的美景。這時，小女孩恰恰放學回家，在路上與富翁偶然相遇。小女孩用天真的眼神望著他，給了他一個很甜美的微笑。

富翁望著孩子天真的面孔，看到了那道笑成弧線的刀疤，心中豁然開朗，小女孩臉上有一道刀疤都能笑得如此甜美，為什麼自己不微笑示人呢？像她那樣活著多好。

第二天，富翁四處打聽，找到小女孩後，富翁給小女孩留

下了一張一千萬的支票，帶著感激的心情離開了小鎮。

鎮上的人都覺得奇怪，問小女孩，為什麼一個不相識的富翁會送給妳一筆鉅款呢？

「我只是對他微笑了而已。」小女孩微笑地答道。

微笑不僅僅讓富翁走出了困境，還讓小女孩得到了一筆應有的財富。微笑是人一生中最大的一筆財富，也是人一生中最容易得到的一筆財富，那我們有什麼理由要讓孩子唾手可得的財富從指尖流失呢？讓孩子學會微笑吧！讓他們從小就學會在微笑中增值財富。

做一條會微笑的河

一個微笑，拾得一份自信，一個微笑，讓因為困境而滯留不前的孩子繼續前行。當孩子的微笑匯成一條河時，自信就會如同流水一般不分晝夜流淌。

在南美洲有一條河，由於流水受到巨大岩石的阻攔，使其難以成為一條真正意義上的河。但是河水並沒有因為岩石的阻擋而變得悲觀，更沒有放棄做一條河的權利。於是它把自己分成了千萬股涓涓細流，微笑地沿著岩石的縫隙繼續向前流淌。

這時候奇蹟發生了，千萬股細流從岩石的不同縫隙流出來的時候，竟然形成了一種微笑般的景觀，而且流出來的聲音也如同天籟之音一樣，於是人們稱這條河為「會唱歌、會微笑」的河。這條河便成了世界著名的旅遊景點。

面對困境的時候，與其悲觀失望，不如微笑面對，只要你微笑地面對它，它就會以微笑回報你。微笑著向前，你就能創造出生命的奇蹟。

從前，有一個小山村遭遇了一場洪災。洪水來勢凶猛，房子大多被沖倒，莊稼被沖毀，也有人被沖走了。不過，在大雨傾盆之時，村裡大多數人都及時逃離。

有兩個小矮人，他們背著家裡的乾糧，跑到了一處高地上，面對淹沒在水裡的家園，想起失去的親人，弟弟痛哭不已，想著以後的日子該怎麼辦？哥哥微笑著安慰道：「放心，我們餓不死的，有這麼多乾糧在，總會有活下去的辦法。」

一個月後，水位漸漸退下，可是村莊已不復存在。弟弟又哭了，糧食也不多了，家也沒有了，這該怎麼辦呢？哥哥依然微笑地安慰著弟弟：「會有辦法的。」說完，他打開一個布袋告訴弟弟：「這是種子，我們現在把種子種下去，到了秋天就可以收穫很多糧食。」在哥哥的鼓勵和帶動下，弟弟和哥哥一邊種地，一邊到山上去採野果。雖然苦，但是兄弟倆從來就沒有說過一個苦字。

秋天到了，地裡長出來的麥穗比往年還多還大，糧食獲得了大豐收。原來洪水雖然給村莊帶來了災難，但是也讓土地變得更肥沃。兩個小矮人留下了一部分糧食，其他的全賣到市集。不到一年的時間，他們居然過上了比以前更富足的生活。

西方有這麼一句諺語：「只有用微笑說話的人，才能擔當重任」。微笑，縮小的不僅僅是心靈的距離，還減輕了心理的壓力。微笑，不僅僅可以幫助人們走出困境，更讓人緊握著生活的信念。

身無分文時，我還有微笑

在接過便當正要付錢時，孩子才發現自己不小心將餐錢給弄丟了。怎麼辦？打電話給爸爸媽媽？可他們都在上班，來去一趟不方便。

那麼，就餓一餐算了？

不，這個孩子不會這樣。她放學回家時，這樣向爸爸描述了她當時是怎麼想的，以及如何做的。

「身無分文時，我還有微笑，爸爸你不是常說，微笑是人生最大的財富嗎？」

「我和便當店的阿姨說：『我不小心弄丟了錢，可以用我的微笑來賒一份便當嗎？我明天一定把錢還妳。』然後，我就對她微微笑了一下，阿姨就把便當送給我。阿姨說，這便當是用我的微笑買的，不是賒的。」

這所學校旁邊的便當店從來都不賒帳，就這樣破例賒了一回。

即使是身無分文，只要面帶笑容地去應對、處理，也能找到突破困局的方法。

笑是免費的

一名工程師在五年內先後經歷兒子考大學落榜、妻子患重病住院半年、父親去世、家中最值錢的東西被盜、自己被汽車撞斷胳膊。

如果你不認識他，你可能會為他擔憂，覺得他的日子快沒辦法過了。但他留給周圍人的，依然是快樂。

朋友好奇地問他是怎麼辦到的？

他說：「大家都以為我是個快活的人，其實，我活得很累，但我必須快樂。兒子大學落榜時，如果我不保持樂觀，對他，對我，對老婆，都會產生更大的打擊；妻子住院半年，當時我忙前忙後，每天累得半死，不過我還是將笑容掛在臉上，就是怕她失去信心；父親去世，我的內心一度空蕩蕩的，可人死不能複生，我只得迅速調整心態，積極面對工作和生活；家中被盜，那是人禍，我自己也有防範不嚴的責任，怨天尤人不管用，還是開口笑吧；而胳膊被撞斷後，我告訴自己，趁這個時候好好休息一下……我不能垮掉，也不敢垮掉，我必須坦然面對現實，那也是一種快樂！當我沒有足夠的錢購買快樂的生活時，我就笑！笑是免費的，它伴隨我渡過許多難關……」

微笑是免費的，卻能為我們創造價值，能伴隨我們度過難關。有微笑，疲憊時就會有力量；有微笑，遇到再大的困難也會迎刃而解。

不能流淚就微笑

當巨大的打擊撲面而來，別說是小孩，就是很多大人也難免情緒失控而號啕大哭。適當的哭泣，並非一種軟弱的表示。事實上，哭泣在一定程度上有助於緩解精神上的壓力，這就是為什麼我們在大哭之後，會有一種放鬆的感覺。

能夠在打擊來臨時哭泣，其實也是一種福氣。不信，請看下面這個故事：

在美國愛荷華州的一座山丘上，有一間特殊的房子。這間房子完全密封，除了建築用材是鋼和玻璃外，其他材料和室內用品都是純天然物質，絕對不含任何現代化工材料。就是住在裡面的人需要的氧氣，也不是透過空氣獲得，而是依靠人工灌注的氧氣。總之，人住進去之後，就與外界完全隔離，除非透過電話或網路與外界聯繫。

也許讀者會以為這間房子是供科學家做實驗用的。但實際上，這間房子是給人居住的，給一個特殊的人居住。住在這間房子裡的主人叫辛蒂。1985 年，辛蒂還在醫科大學念書，有一次，她到山上散步，帶回一些蚜蟲。她拿起殺蟲劑為蚜蟲去除化學汙染，這時，她突然感覺到一陣痙攣，原以為那只是暫時性的症狀，沒想到她的後半生就此變為一場噩夢。

原來，這種殺蟲劑內所含的某種化學物質，使辛蒂的免疫系統遭到破壞。從此，她對香水、洗髮精以及日常生活中接觸的一切化學物質一律過敏，連空氣也可能使她的支氣管發炎。

這種「多重化學物質過敏症」（MCS）是一種奇怪的慢性病，到目前為止仍無藥可醫。

在患病後，辛蒂一直流口水，尿液變成綠色，有毒的汗水刺激背部形成了一塊塊疤痕。任何一次與日用化學品的接觸，都可能引發她心悸和四肢抽搐，辛蒂所承受的痛若是令人難以想像的。1989 年，她的丈夫吉姆用鋼和玻璃為她蓋了一所無毒房間，一個足以逃避所有威脅的「世外桃源」。辛蒂所有吃的、喝的都得經過選擇與處理，她平時只能喝蒸餾水，食物中不能含有任何化學成分。

多年來，辛蒂沒有見到過一棵花草，聽不見一聲鳥鳴與泉水聲，感覺不到陽光、流水和風的快慰。她躲在沒有任何飾物的小屋子裡，飽嘗孤獨之苦。更可怕的是，無論怎樣難受，她都不能哭泣，因為她的眼淚跟汗液一樣也是有毒的物質。

在最初進入房間與世隔絕的一段時間裡，辛蒂每天都沉浸在痛苦之中，想哭卻不敢哭。隨著時間的推移，她漸漸改變了生活的態度，她說：「在這寂靜的世界裡，我感到很充實。因為我不能流淚，所以我選擇了微笑。」

為了讓自己充實起來，辛蒂投入了為自己、同時更為所有化學汙染物的犧牲者爭取權益的工作之中。辛蒂生病後的第二年就創立了「環境接觸研究網」，以便為那些致力於此類病症研究的人士提供一個平臺。1994 年辛蒂又與另一組織合作，創建了「化學物質傷害資訊網」，保證人們免受威脅。目前這一

資訊網已有來自 32 個國家的會員，不僅發行了刊物，還得到美國、歐盟及聯合國的大力支持。

當巨大的災難從天而降，人固然可以努力逃避。就算規避不了，也可以選擇直接面對，奮起抗爭。如果抗爭不了，我們就承受它。而要是承受不了，就哭泣流淚。可是如果上天告訴你：你連流淚也不行；那麼你的選擇又將是怎樣？絕望、放棄是嗎？不，孩子，你還可以像辛蒂一樣：不能流淚，但可以微笑！

█ 給家長的悄悄話

要讓孩子在困境保持樂觀與微笑，當然不是一件容易的事情。這需要家長對孩子長期持之以恆的教育與引導。

- **多給孩子一些接受新事物的機會**：孩子的成長道路上，必然要嘗試許多事情，只有不斷地嘗試，才會知道那是一種什麼味道。沒有經歷過飢寒，就不會知道什麼是溫飽；沒有經歷過苦難，就不會知道什麼是幸福。多讓孩子去接受新事物，這會使他們更懂得生活，然後再以微笑引導，孩子就能明白微笑的魅力。

- **多讓孩子自己去解決問題**：當孩子們遇到問題向我們求助時，我們應該先默默地拋出一個笑容，告訴孩子不妨對問題先微微一笑，然後再去想該怎麼去做。這樣，孩子就會去思考，或許在微笑的瞬間，他們就會茅塞頓開了。

- **多給孩子一些快樂的觀念**：時常聽到一些孩子埋怨說活得很累，可是孩子本來就沒有多大的心靈負擔，為什麼會感到身心疲憊呢？其實是因為孩子過於悲觀，把問題無限放大，導致小小的問題背起的卻是一個大包袱。
- **適當給孩子製造一些緊張的環境**：適當給孩子做一些智力競賽或問題搶答之類的遊戲，給孩子製造一些緊張的環境，讓孩子在緊張中學會如何克服所面臨的困難。如果孩子還是緊張不安，此時家長的一個微笑、一個讚賞、一個指導，會讓他們在緊張的環境中學會用微笑去面對，這樣在面臨的考試和各種競賽中，孩子就不容易陷入「學得好考不好」的怪圈。

親子加油站：這些傻事你別做

在孩子遇到挫折時，這樣的做法是行不通的：

1. 找孩子的錯，放大孩子的挫折。
2. 過分寵愛，不想讓孩子吃一點苦。
3. 讓孩子自己去承擔失敗，不做實質性的引導，讓孩子孤軍奮戰。
4. 完全將孩子置身於一個艱苦的環境中，不對孩子進行激勵和表揚。

第七章　微笑著抹去眼角的淚水

第八章
讓挫折變成墊腳石

　　法國作家巴爾札克（Honoré de Balzac）說：
「苦難對於天才是一塊墊腳石，對於能幹的人是一筆
財富，對於弱者則是萬丈深淵。」一個是墊腳石，一
個是財富，一個是萬丈深淵，沒有誰會去選擇萬丈深
淵。孩子們很難去主動接受風雨、接受挫折。教導他
們，讓孩子學會把挫折踩在腳下，把困難當成財富，
就一定能走出自己的一片天。

▋珍視生命，越過挫折

家長與其一輩子替孩子遮風擋雨，還不如讓孩子自己去面對人生中的風雨。著名的心理學家馬斯洛（Abraham Harold Maslow）說：「挫折對於孩子來說未必是件壞事，關鍵在於他對待挫折的態度。」因此，負責任的父母應該從小就對孩子進行挫折教育。

美國前總統約翰·甘迺迪（John Fitzgerald Kennedy）的爸爸，從孩子小時候就注意對兒子獨立性格和精神品質的培養。有一次，他趕著馬車帶兒子出去遊玩，經過一個轉彎處，因為馬車速度非常快，馬車猛地把小甘迺迪甩了出去。當馬車停住時，小甘迺迪以為他爸爸會下來把他扶起來，但他爸爸卻坐在車上悠閒地掏出菸吸起來。

小甘迺迪叫道：「爸爸，快來扶我。」

「你摔傷了嗎？」

「是的，我感覺自己站不起來了。」小甘迺迪帶著哭腔說。

「那也要堅持站起來，重新爬上馬車。」

小甘迺迪掙扎著，自己站了起來，搖搖晃晃地走向馬車，艱難地爬了上去。

他爸爸搖動著鞭子問：「你知道為什麼讓你這麼做嗎？」

兒子搖了搖頭。

他爸爸接著說：「人生就是這樣，跌倒，爬起來，奔跑；再

跌倒，再爬起來，再奔跑。在任何時候都要靠自己，沒人會去扶你的。」

我們傳統的家長，對孩子大多過分愛護，只要讀好書，一切該孩子自己動手做的事情，都由家長代勞。許多中小學校，為了追求升學率，只注重學生考試分數的高低，而忽視了他們承受挫折能力的培養。所以，一些青少年雖然學了不少書本知識，但是遇到困難和挫折時，卻常常不知所措，甚至一蹶不振。這不能不令人擔憂！

適度的挫折教育，是家庭教育中必不可少的內容。在人的一生中，不會永遠一帆風順，每個人都或多或少地要遭遇挫折。精神上的煎熬，體力方面的磨難，都是挫折的不同形式。理想受阻、追求失敗、艱苦勞動、疾病纏身，也都是挫折的種種表現。對孩子實施挫折教育，對於孩子性格意志的磨練和能力品行的培養，都有著極其深遠的意義。

小竅門：父母在孩子受到挫折時應該伸出援手

我們說應該伸出援手，並非鼓勵父母給孩子提供直接的幫助。相反，我們一直反對家長過度「維護」或「保護」孩子。我們這裡所說的「援手」，更多的是傾向於心態上的幫助。

美國明尼蘇達大學兒童發展學院的心理學教授安妮・梅斯坦博士指出：當孩子遇到一些挫折時，應該告訴

孩子困難和挫折都會過去。也許這對成人來說算不了什麼，但對孩子來說卻很重要。孩子缺乏生活經驗，遇到自以為很麻煩的挫折，就認為一切都完了，他們以為這種消極情緒會長期持續下去，以為一次失敗就會把一切都毀了。

如果父母能說明，讓孩子意識到挫折是暫時的，如：「今天你雖然不行，但明天你可以再試試。」結局當然是可以改變的。又如：「那也許是老師的想法，可是爸爸媽媽有不同的看法。」這樣，你就給了孩子希望及勇往直前的信心。

▌講個「落難的驢子」的故事

孩子在成長過程中，不管遇到的是暫時的失敗還是長期的逆境，都是些再正常不過的事情。俗話說：「失敗為成功之母。」沒有從失敗中總結經驗和教訓，也就沒有成功的到來。

不過，今天的父母還應該進一步正確客觀地教育孩子，那就是：「失敗未必都是成功之母。」失敗就是失敗，如果孩子在失敗後很隨意地搖搖頭、聳聳肩，只對失敗抱著一種無所謂的態度，那麼他的前面很可能還是失敗，失敗就永遠不可能成為成功之母。

除非你能將挫折踩在腳下，讓挫折成為你的墊腳石，你才有資格說：「失敗為成功之母」。而隨著你踩在腳下的挫折越

多，你就會越高大。站在高處，你就會一覽眾山小。

有一天，某個農夫的一頭驢子不小心掉進一口枯井裡，農夫絞盡腦汁、想盡辦法去救驢子，但幾個小時過去了，驢子還在井裡痛苦地哀叫著。最後，這位農夫決定放棄，他想這頭驢子年紀大了，大費周章把牠救出來已不可能。不過，無論如何這口井還是得填起來，不要讓它再上演這樣的悲劇了。

於是農夫便請來左鄰右舍幫忙，準備一起將枯井中的驢子埋了，以免除牠的痛苦。農夫的鄰居們人手一把鏟子，開始將泥土鏟進枯井中。

當這頭驢子了解到自己的處境時，剛開始哭得很淒慘。但出人意料的是，一會兒之後，這頭驢子就安靜下來了。

農夫好奇地探頭往井底一看，出現在眼前的景象令他大吃一驚：當鏟進井裡的泥土落在驢子的背部時，驢子的反應令人稱奇——牠只是將泥土抖落在一旁，然後就站到鏟進的泥土堆上面！就這樣，驢子將大家鏟倒在牠身上的泥土全數抖落在井底，然後再站上去。很快地，這隻驢子便得意地上升到井口，然後在眾人驚訝的表情中快步地跑開了。

在孩子的成長旅途中，總會有陷入「枯井」甚至被落井下石的時候，告訴孩子，無論遇到什麼問題，都要讓「石頭」將自己一層層墊高，只有那樣，才會有逃離挫折的可能。把挫折當成了墊腳石，挫折就成了跳出「枯井」的最好方法。

第八章　讓挫折變成墊腳石

▌備選故事任你挑

　　美國商界流傳著這樣一句話：一個人如果從未破產過，那他只是個小人物；如果破產過一次，他很可能是個失敗者；如果破產過三次，那他就可以無往而不勝。其實孩子的成長過程也是這樣，如果孩子一次都沒有跌倒過，那他只是一個嬰兒；如果孩子只跌倒過一次，那他只是剛開始學爬，如果他跌倒過三次甚至更多次，他將來就能站起來，更能跑。

　　孩子的成長與挫折成正比，挫折越多，就越成熟。當孩子被挫折絆倒時，讓他們把挫折當成一塊墊腳石，鋪平在跌倒的地方，然後踩著挫折繼續前行。

石頭的命運

　　深山裡有兩塊石頭，第一塊石頭對第二塊石頭說：

　　「去經歷一下路途上的艱險坎坷和世事的磕磕碰碰吧！能夠搏一搏，不枉來此世一遭。」

　　「不，何苦呢？」第二塊石頭嗤之以鼻，「安坐高處一覽眾山小，周圍花團錦簇，誰會那麼愚蠢在享樂和磨難之間選擇後者，再說那路途的艱險磨難會讓我粉身碎骨的！」

　　於是，第一塊石頭隨山溪滾流而下，歷盡了風雨和大自然的磨難，它依然義無反顧執著地在自己的路途上奔波。第二塊石頭譏諷地笑，它在高山上享受著安逸和幸福，享受著周圍花

草簇擁的愜意，享受著盤古開天闢地時留下的那些美好的景觀。

許多年後，飽經風霜、歷盡塵世千錘百鍊的第一塊石頭和它的家族，已經成為了世間的珍品、石藝的奇葩，被千萬人讚美稱頌，享盡了人間的榮華富貴。第二塊石頭知道後，有些後悔當初，現在它也想投入到世間風塵的洗禮中，然後得到像第一塊石頭那樣擁有的成功和高貴，可是一想到要經歷那麼多的坎坷和磨難，甚至滿目瘡痍、傷痕累累，還有粉身碎骨的危險，便又退縮了。

一天，人們為了更好地珍藏那石藝的奇葩，準備為它修建一座精美別緻、氣勢恢宏的博物館，建造材料全都用石頭。於是，他們來到高山上，把第二塊石頭粉了身碎了骨，給第一塊石頭蓋起了房子。

莎士比亞（William Shakespeare）曾經充滿深情地對一個失去父母的少年說：「你是多麼幸運的孩子，因為你擁有了不幸。」當時這個剛剛失去父母的孩子，正處在孤苦無依的悲慘境地，因此充滿疑惑地看著這個被人們尊敬的藝術大師。

莎士比亞摸著孩子的頭說：「因為不幸是人生最好的歷練，是人生不可缺少的歷程，因為你知道，失去了父母以後一切就只能靠自己了。」這個孩子似乎領悟到了什麼，悄悄地離開了莎士比亞的目光。40 年後，這個孩子，傑克・詹姆士，成為英國劍橋大學的校長，世界著名的物理學家。

兩個農夫

有兩個農夫在各自的田地裡許著願。

一個農夫說，在他的地裡不要大風雨、不要下雪、不要地震、不要乾旱、不要冰雹、不要蟲害。

另一個農夫說，這些都沒事，只要我能看著我的麥子還存在、還活著就行。

結果那一年，天氣果然都隨了他們的願。那個什麼都不要的農夫，麥穗果然結得很大很多，但是麥穗裡面卻沒有一粒果實，全部是空的。而另一個農夫，看上去只是短短的麥穗，裡面卻是飽滿的果實。

不經歷風雨，怎能見彩虹？沒有人能隨隨便便成功。孩子，你就是田裡的一株麥子，風霜的磨練，是你將來豐收的保障。

挫折也是一種幸運

有一位青年在一家公司做得很出色，他為自己描繪了一幅燦爛的發展藍圖，對前途充滿信心。突然這家公司倒閉了，這位青年認為自己是世界上最不幸、最倒楣的人，他垂頭喪氣。

但是他的經理，一位中年人拍了拍他的肩說：「你很幸運，年輕人！」

「幸運？」青年叫道。

「對，很幸運！」經理重複一遍，他解釋道：「凡是青年時

候受挫折的人都很幸運，因為你可以學到如何堅強。如果一直很順利，到了四五十歲忽然受挫，那才叫可憐，到了中年再學習，實在是太晚了。」

趁自己年紀小，多受受挫折，並非什麼壞事。因為，你現在還是一個「輸得起」的年齡。你可以從挫折中學到很多書本上學不到的東西，學到別人傳授不了的東西。這些，都是你將來大放異彩的本錢！

痛苦磨練出的珍珠

一群河蚌自由自在地生活在水中。一天，有一隻河蚌覺得身體不舒服，好似有千萬支針扎進了肉裡。於是，牠把自己的情況告訴了同伴。一隻體格健壯的河蚌有些幸災樂禍，說：「瞧，我的身體多棒！我不會受到任何痛苦。」

時間慢慢過去了。痛苦的河蚌咬牙忍受著煎熬，而他的同伴則一直無憂無慮地到處嬉戲，有時還故意爬到牠旁邊，譏笑他的痛苦。

這時有消息傳來，水族要展開一場大賽，評選出水族中的傑出人士。於是，河蚌召開大會，準備選出自己的代表。

那隻強壯的河蚌首先發言道：「當然該選我，你們看，我的身體多棒，我的神態多麼瀟灑。」

主持人沒有理睬他，而是說：「請大家把自己的蚌殼展開。」

這隻河蚌更得意了，他瞥了旁邊痛苦的同伴一眼，心想：「不就是看看誰更強壯嗎？牠裡面的肌肉恐怕早已傷痕累累了，哪能比得過我呢？」牠一邊想著，一邊張開了蚌殼，沉浸在勝利的幻想中。

這時，只聽見主持人大聲說：「我已經看出來了，就是這一位。」

強壯的河蚌順著主持人的話音看去，令他不敢相信的是，主持人說的竟然是那隻痛苦的河蚌。

只聽主持人說：「請把你的珍珠向大家展示展示吧！」痛苦的河蚌翻轉身體，大家這才看到，在他的兩片蚌殼中，鑲嵌著一顆碩大閃亮的珍珠。

主持人的聲音又響了起來：「沒有付出，就沒有收穫。我們蚌類是否有價值，全在於是否孕育出珍珠。」

每一顆耀眼的明珠，都是在河蚌痛苦的淚水裡凝聚而成。走過了痛苦，生命才會發光發亮。

把挫折寫在沙灘上

我們可能會常常反問自己，孩子真的懂得什麼是挫折嗎？其實最簡單的道理，往往最難懂，就如同很難把最簡單的事做好一樣。

挫折也是一樣，只要把挫折簡單地理解了，就可以無所畏懼地越過挫折，這樣就可以使自己「不簡單」、「不平凡」。告

126

訴孩子，把挫折寫在沙灘上，讓海浪帶走。

有一個年輕人，在追求事業的過程中屢遭挫敗，他因此覺得生命空虛，感到彷徨無奈，而且這種情況日漸嚴重，到後來不得不去看醫生。

醫生聽完了他的陳述，說：「我開幾個處方給你試試！」於是開了四帖藥放在藥袋裡，對他說：「你明天九點前獨自到海邊去，不要帶報紙雜誌，不要滑手機，到了海邊，分別在九點、十二點、下午的三點、五點，依序各用一帖藥，你的病就可以治癒了。」

那位年輕人半信半疑，但第二天還是依照醫生的囑咐來到海邊，一走近海灘，迎著拂面而來的海風，心情頓然開朗。

九點，他打開第一帖藥袋，裡面沒有藥，只寫了兩個字「聆聽」。於是他坐下來聆聽風的聲音、海浪的聲音，甚至聽到自己心跳的節拍與大自然節奏合在一起。他已經很多年沒有如此安靜地坐下來聆聽海風，他感覺身心都得到了清洗。

到了中午，他打開第二帖藥，上面寫著「回憶」兩字。他開始從聆聽外界的聲音轉回來，回想起自己童年到少年的無憂無慮，想到創業的艱辛，想到父母的慈愛，兄弟朋友的情誼，生命的力量與熱情重新在他內心裡燃燒起來。

下午三點，他打開第三帖藥，上面寫著「尋找你最成功的」。他仔細想了想自己一直都在失敗中，有什麼是自己最成功的呢？他在反思中發現，其實自己每一次都在進步，一次比

一次更接近成功。

到了黃昏的時候，他打開最後一帖處方，上面寫著「把挫折寫在沙灘上」。他走到離海最近的沙灘，寫下「挫折」兩個字，一會兒就被海浪沖刷平坦，他再一次寫下「挫折」，一會兒，還是被沖刷平坦。他終於明白了，其實挫折不過是一瞬的，只要勇敢去面對，挫折一會兒就會被勇氣沖淡。

聆聽是為了更好的回憶，回憶是為了更好地重新開始。過去的失敗與成功都不值得看重，在頓悟過去的成敗後，所有的挫折很快就會被人生的達觀沖刷平。

活著，什麼都會改變

一位年輕男子想要自殺。入夜後，他走到屋後樹林裡，想上吊。

當他把一根繩子綁在樹枝上後，樹枝說話了：「親愛的年輕人啊！別在我身上上吊！有一對小鳥正在我的枝頭上築巢呢！我很高興能保護牠們。如果你在我身上上吊，我就會折斷，鳥巢也就保不住了。請你諒解我，並且也可憐那對小鳥吧！」

年輕人聽了，體諒了樹枝的愛心，就放棄了這根較矮的樹枝，找到更高的另一根樹枝。可是當他把繩子綁上去時，這根高樹枝也說話了：「年輕人，請你諒解我吧！春天就要到了，不久之後我就要開花，成群的蜜蜂會飛來嬉戲、採蜜，這帶給我極大的快樂。如果你在我身上上吊，我就會被你折彎到地上，

花朵就被摧殘而死，那麼蜜蜂們會非常地失望。」年輕人聽了，只好默默地攀上了第三根樹枝。

「原諒我吧！」他還沒綁繩子，樹枝就開口了：「年輕的朋友啊！我把自己遠遠地伸到路上，目的就是要使疲憊的旅行者，在我的樹蔭下得到一些陰涼，這給他們、也給了我很大的快樂。如果你吊在我身上，會使我折斷，以後我就再也不可能享有這種快樂了。」

年輕的厭世者陷入了沉思，他問自己：「我為什麼要自殺？只因為我承受不了痛苦嗎？樹枝都如此熱愛生活，關心身邊的事物，而我……」

於是，他走出森林。

生命始終是珍貴的，不管出於什麼原因，都值得我們去珍惜。不管遇到多大的磨難，只要活著，什麼都可能改變。

▌給家長的悄悄話

命運就是這樣，如果你肯去磨練、肯去面對，路就會越走越遠、越走越平坦。如果你不敢向前邁開這一步的話，就可能永遠做一個默默無聞的人。平凡與偉大，就在於你是否把前面的路當成一種希望，把挫折踩在腳下。

家長需要讓孩子明白，每一種偉大都是從平凡中一點一滴地磨練出來的，讓孩子學會把挫折當成墊腳石，就需要從平時一點一滴做起，這樣孩子不僅能看得更遠，而且還能走得更順利。

那麼怎樣才能讓孩子把挫折當成墊腳的石頭呢？

- 在孩子遇到挫折時，和孩子一起探討挫折是什麼。當孩子遇到挫折時，要讓孩子搞明白，挫折是什麼？只有讓孩子明白挫折是什麼，他們才會樂觀地去面對挫折，才會覺得挫折不過是人生成長的一塊墊腳石。

- 在孩子遇到挫折時，要和孩子一起探討為什麼會遇到挫折。當孩子遇到困難後，應該問孩子為什麼會遇到這樣的困難。因為什麼才導致自己跌倒，為什麼其他孩子不會在這裡跌倒，而自己卻在這裡跌倒了。這樣孩子就會去找到遇到挫折的原因，就不至於下次又在原地跌倒。

- 在孩子遇到挫折時，和孩子一起探討該怎麼辦。當孩子遇到困難後，孩子往往會依賴父母來解決。小困難，應該做到由孩子自行解決；大困難，家長做到協助解決即可。

- 在克服困難後，要問孩子得到了什麼。在家裡，孩子克服了困難後，家長往往會和孩子擊掌言勝，讓孩子品嘗到成功的喜悅。但大多數人很可能忘了問孩子，在困難克服後得到了什麼收獲？如果下次由他自己來解決，他還可以這樣順利解決嗎？這樣不僅讓孩子在挫折面前沒有依賴性，更讓他們明白挫折也是一種收獲，是一種財富。

親子加油站：如何讓孩子把挫折當成一筆財富

1. 經過一次挫折後，觀察孩子是否得到了教訓。防止孩子再在原地跌倒的辦法，就是告訴孩子：在同一個地方可以跌倒一次，兩次，但絕不可以出現三次。因為他需要接受教訓，總結經驗。

2. 問問孩子怎樣理解挫折，可以在與孩子閒聊時，聊聊家長對挫折的理解，或讓孩子寫篇對挫折理解的文章。

3. 可以在孩子克服困難後，適當地給一些獎勵，讓孩子不僅僅獲得了精神上的財富，更獲得了物質上的「收穫」，這樣理解挫折是一種財富，就能展現得更明確。

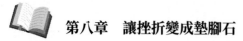

第八章　讓挫折變成墊腳石

第九章
按照自己的節奏繼續前進

你是怎麼教孩子走路的呢？沒有喊著一二一的節奏走吧？那現在就開始行動，讓孩子學會保持自己的節奏前行。這樣孩子就不會因為遭遇困難、挫折而亂了前進的步伐。

不失節奏地一路向前

在一次奧斯卡的頒獎典禮上，一位剛剛獲獎的演員準備上臺領獎，也許是因為太興奮、太激動了，她被自己的長裙絆住了腳，摔倒在舞臺上，此時全場靜默，因為還從來沒有人在這樣全球直播的盛大晚會上跌倒過。

她迅速起身從頒獎人手中接過獎盃，談起獲獎感言時，她真摯而感慨地說：「為了實現我的夢想，走到今天這個位置，我這一路走得非常艱辛坎坷，有時甚至是跌跌撞撞。但是每一次我都是這樣，跌倒了再勇敢地站起來，不失節奏地繼續向前邁步。」機智、真誠的話語，使她成為那個晚上最耀眼的明星。

如果孩子因為遭遇困難與挫折而止步不前，他們就會落後別的孩子。所以必須努力讓孩子學會面對失敗、克服困難，和別的孩子齊頭並進。

成功者做任何事都比失敗者快一步。其實每個人都可以快步走向成功，只要在被挫折絆倒時爬起來，仍不失節奏地前進。

我們都會告訴孩子「逆水行舟，不進則退」的道理，所以孩子們被挫折所絆時，都不會停止努力。如果在「逆水行舟」中，有一個孩子突然「翻了船」，他會再翻起來划行，他划行的速度或許還會超過同一條起跑點出發的孩子，從而追上他們。

然而當孩子們又處在一條平行線後，他們就可能不再發揮潛力，而只想與大家並肩前行。所以即便孩子曾經努力過，卻

始終沒能發揮出這種潛力，孩子還是一樣不會進步。

為什麼孩子不再用最佳的狀態去發揮最大的潛力，保持原來追趕的那個節奏前行呢？這種現象的出現，可能是由於孩子產生了這樣的心理：

- **只要我不是最後就行了**：在每一個集體中，我們會發現大約有八分之一的人是成功者，而八分之七的人都是平凡者。這就是集體生活的「冰山理論」。

  我們在調查中發現，在八分之七的平凡者中，有80%的人因為有惰性，他們總覺得：「我不是最後，跟大家在一條平行線上沒什麼不好的，那些成功的人還高處不勝寒呢！」但在平凡者中還有20%的人，在向著成功努力，因此那80%的有惰性的人就有落到最後的可能。

  無論什麼時候都要明白，孩子在那八分之七的平凡人中沒什麼要緊，要緊的是，絕不可成為八分之七中有惰性的人。

- **我想休息一下**：我們都知道當孩子「翻船」遇到挫折後，重新振作起來努力往前趕時，他會比其他的孩子感覺累，所以有些家長覺得讓孩子休息一下也是情有可原的，但這卻是錯誤的認知。

- 因為最前面的孩子更累，休息只能是在成功之後的小憩，而不是在奔向成功的路上。一旦止步，孩子很快就會被別人甩到後面，那樣他就會越來越累。當孩子追趕別人時，

也是他們狀態最好的時候，此時應當讓孩子保持這種前行的節奏，充滿動力向成功進軍。

- **反正前三名都不是我的，做第四、第五也一樣**：或許是獎勵措施的問題，往往會讓孩子形成這樣一種心理：「反正拿不了獎，做第幾名都一樣，只要不是倒數就行了。」

如果孩子有這樣的心理，家長應該及時告訴他：「如果你在第四，你或許能超過第三，或許能並列第三拿到獎呢？或許你這次第四，下次就會成為第一、第二、第三。不管怎麼樣，只要你努力，你靠得越前面，就越能一步步靠近成功。否則，你就會被後面的同學超越，永遠無法抵達成功的彼岸。」

小竅門：怎樣讓孩子保持一種節奏前進呢？

1. 讓孩子學會在心裡默數一二一，讓他的心裡有一種催促自己的節奏。只要保持略快於其他人的節奏，孩子就不會落後於自己，也不會落後於別人。

2. 常讓孩子參加各種競賽，讓孩子在競賽中體會到落後於其他孩子時，趕超上來的那種自豪感，使孩子將最大潛能發揮出來，從而在遇到挫折時充滿動力。

3. 一旦啟動孩子的最大潛能，就應該不斷誇獎孩子，讓孩子保持這種較快的節奏不斷前行，不斷超越。

▌從「1885 次失敗」談起

一天，朋友邀我到他家做客，或許是因為朋友的兒子不知道我來，或是因為在學校打擊過大，他一推開門就在地上打起滾來，大聲嚷著：「太丟臉了，我下午不去上學了。」我和朋友從書房出來，朋友看到兒子後搖了搖頭，不好意思地向我笑笑，表示求助，我便俯下身子摸摸孩子的頭，「小傑，怎麼了？」

「今天學校開運動會，我參加百米賽跑，每次都是我跑第一，今天不知道為什麼，他們都跑得特快，遠遠地把我甩到了後面。我竟然連前三名都沒有拿到，把我們班的臉都丟光了。下午同學們肯定會取笑我，我不去上學了。」

「小傑，你知道失敗的『敗』字怎麼寫嗎？」我輕聲地問他。

「當然知道。」小傑拿起筆在紙上寫了一個很大的「敗」字。

我接過小傑寫的敗字對折過來，把左邊的一半給他看，「小傑，這是什麼字？」

「貝！」

「知道貝是什麼意思嗎？」我又反問道。小傑說是貝殼的意思。我搖了搖頭，他一頭霧水地望著我。

「貝，在古代是一種貨幣，和我們今天的錢是一樣的。古人在創造『敗』字的時候，就希望子孫們都能從『敗中拾貝』，

能把失敗當成一種財富來對待。你這次只是一次小小的失敗，但它告訴你，其他同學現在已經超過你了，你現在就應該努力超過他們，拿到更多的第一名。所以你不要認為這是丟臉了，這只是一種激勵。」

我意味深長地給小傑說完，又給他講了這麼一個故事：

席維斯·史特龍（Sylvester Stallone）出生在一個貧困的家庭，父親是個賭徒，母親是個酒鬼。他從小挨打受罵，忍飢挨餓，高中畢業後就流落街頭，遊手好閒，成了一名小混混。

20歲的某一天，他恍然大悟，不願做對社會無用的人，想憑著自己強壯的身體做一名演員。

第二天，史特龍就到了好萊塢，可他並不具備當演員的條件和天賦，他沒有英俊的相貌，沒有發達的肌肉，沒有過人的能力。但他認定自己能成為一名優秀的演員，於是他開始一家家地拜訪好萊塢的電影製片公司，希望能給自己一次機會。

可當時500多家電影製片公司給他的，都是無情的拒絕。面對這數百次的拒絕，史特龍沒有灰心、沒有氣餒，他重整旗鼓，又從第一家開始第二輪的毛遂自薦，同樣又是冷冰冰的拒絕。面對上千次殘酷的拒絕和無數的冷嘲熱諷，就是再堅強的人也會崩潰，此時的史特龍覺得自己的夢想徹底破滅了，一度想離開好萊塢，從此不再踏進這個令他傷心的城市。

在這兩年裡，史特龍嘗遍了人間的冷暖、人生的辛酸，但想到自己的家庭，想到自己仍然一無所有，想到自己這兩年付

出的努力，他決定不能半途而廢，於是史特龍又重新昂起了頭。

不當演員，做一名編劇也行，他開始了自己的劇本創作。此時的他已經身無分文，只好在好萊塢做些體力活以維持生計。他白天幹活，晚上寫劇本，同時仍在不斷尋找機會。

一年之後，史特龍的第一個劇本誕生了。他拿著自己的劇本又一次開始了新一輪努力，「讓我當主角，我可以的！我一定會成功！」成了他的口頭禪，渴望的眼睛又一次次地出現在電影公司老闆們的面前。

當史特龍說完：「讓我當主角，我可以的！我一定會成功！」時，得到更多的是老闆們鄙夷的眼神，冰冷地拒絕：「也不照照鏡子看看自己是誰？」

當他第 1,886 次求職時，有一家電影公司終於採用他的劇本，並讓他當男主角。史特龍一展身手的機會終於來了，他全身心地投入到拍攝中，仍然堅持著：「我可以的，我一定會成功！」

最後，史特龍的第一部電影《洛基》誕生了，而且一炮打響。隨著他後來主演的《第一滴血》等多部名片的問世，史特龍受到全世界影迷的喜愛，成了一名耀眼的影視巨星！

不管外界多少的打擊紛至沓來，都要不失節奏地前行。這樣，才能跑出險境，超越失敗。孩子失敗後，不僅需要家長的鼓勵，更需要家長們教會他們在失敗中「拾貝」，不斷累積失敗的經驗。孩子一旦有了越來越多的精神財富，就不會在今後的挫折中停步不前。

備選故事任你挑

　　失敗如同身陷淤泥的荷花，如果沒有淤泥的培育，就不會有荷花盛開時的高潔。在孩子的成長過程中，如果沒有失敗的磨練，就不會閃耀出成功的光芒；如果沒有失敗，他們就不會品嘗到成功的歡欣。讓孩子領悟失敗，才能企及成功，讓孩子走出失敗，才能走向成功。

左腳邁向成功

　　傳說，很遠的西邊有座山，山上長著一種仙果，吃了包除百病，起死回生。

　　一個瞎子和一個瘸子結伴去尋找這種仙果。他們一直走呀走，途中他們翻山越嶺，歷經千辛萬苦，頭髮開始斑白。

　　有一天，那瘸子對瞎子說：「這樣下去哪有盡頭？我不幹了，受不了了。」

　　「老兄，我相信不遠了，會找到的，只要心中存有希望，會找到的。」瞎子說。可瘸子執意要待在途中的山寨中，瞎子便一個人上路了。

　　由於瞎子看不見，不知道該走向何處，他碰到人便問，人們也好心地指引他。他身上衣衫破敗，遍體鱗傷，可他心中的希望未曾改變。

　　終於有一天，他到達了那座山，他全力以赴向上爬，快到山頂的時候，他感覺自己渾身充滿了力量，好像年輕了幾十

歲。他向身旁摸索，竟摸到了果子一樣的東西，於是放在嘴裡咬一口。皇天不負有心人，他終於復明了，什麼都看見了，綠綠的樹木，嬌豔的花兒，清澈的小溪，果子長滿了山坡⋯⋯他朝溪水俯身看去，自己竟變成了一個英俊年輕的青年！

準備離去的時候，他沒有忘記替同行而來的瘸子帶上兩個仙果，到山寨的時候，他看到瘸子拄著拐杖，變成了一個頭髮花白的老頭。瘸子認不出他了，因為他現在是一個年輕人了。當他們相認後，瘸子吃下那果子，卻絲毫未起任何變化，他們終於知道，只有靠自己的行動，才能換來成功和幸福。

瞎子就是用左腳踩下艱辛與挫折，用右腳抬起希望，再用左腳邁向成功。雖然每一個人踩出來的結果都是不一樣的，有些人先邁的是左腳，有些人先邁的是右腳，但無論先邁出那一隻腳，都不要忘了你的腳應該踩過挫折，抬起希望，邁向成功。

畫人生成功的圓

在猶太聖典《塔木德》中，有這樣一句詮釋失敗的經典語句：「失敗絕不會是致命的，除非你認輸。」這句話，曾經讓無數的猶太商人在失敗中選擇了永不放棄，也成為猶太商人經商之道。

在美國的猶太商人蓋爾・博登（Gail Borden）早年埋頭於發明創造。他先是發明了脫水肉餅乾，可是這個發明不但沒給他帶來多少好處，相反還讓他在經濟上陷入窘境。有了第一次

失敗的教訓，又經過兩年反反覆覆的試驗，他終於又研製成了一種新產品 —— 煉乳，並決定把它推向市場。蓋爾‧博登的第一步是要尋找專利保護。

蓋爾‧博登發明的煉乳，是把純淨新鮮牛奶中的大部分水分在常溫中利用真空抽掉，並加入一定數量的糖保持新鮮度。但是，蓋爾‧博登為他的製造方式尋求專利權時，得到的答覆是產品缺乏新意，並且，專利局官員告訴他，在已批准的專利申請檔案中，已經有數十種「脫水乳」的專利權，其中包括一種「以任何已知方法脫水」。

蓋爾‧博登並不甘心，又一次提出申請。但他的第二次申請又再度被駁回，因為專利官員判定「真空脫水」並非必要的過程。他的方法只是被認為生產方式比較謹慎而已。後來，第三次申請仍被拒絕，理由是他未能證明「從母牛身上擠出的新鮮牛奶在露天地方脫水」與其他的製作方式有什麼不一樣。

雖然三次申請，三次被駁回，但並沒有把蓋爾‧博登擊倒，他對專利權仍然窮追不捨，因為他堅信他的創造。1856年，他的第四次申請終於被批准了。

然而，雖然有了專利權，推銷新產品也不是一帆風順的。蓋爾‧博登的工廠是由一家車店改造的，租金便宜。剛開業時，他每天花費 18 個小時在廠裡指導煉乳的生產方法，監督生產程序，檢查衛生清潔情況。

後來蓋爾‧博登謹慎地挑選一位社區領袖做他的第一位顧客，因為這位社區領袖對煉乳的意見，有助於鞏固新公司及其新產品在該地區的地位，而且這位社區領袖對產品也表示了讚賞。

但是，當時顧客的習慣是把摻有水分的牛奶放入一些發酵品進行蒸餾，他們只覺得「煉乳」稀奇古怪，對它有疑心，所以乏人問津。出師屢屢不利，甚至到了山窮水盡的地步，蓋爾‧博登的兩位合夥人都失去信心，第一家煉乳廠也被迫關閉。

在失敗面前，蓋爾‧博登破釜沉舟，又建起了新廠。精誠所至，金石為開，他的第二次嘗試終於獲得了成功。他的公司在他逝世時已成為當時美國具有領導地位的煉乳公司。

蓋爾‧博登的創業奮鬥，也奠定了現代牛奶工業化生產的基石。

在他的墓碑上，有這樣一段墓誌銘：「我嘗試過，但失敗了。我一再嘗試，終於成功。」這正是對他一生的總結，這對每個渴望成功的商人也是一種激勵。

「我嘗試過，但失敗了，我一再嘗試，終於成功。」這就是博登對自己一生的總結。失敗、努力、崛起、成功，這四個詞圈成了他一生的圓，我們人生的圓也是這樣的。只要在失敗後依然拿起希望的筆，就可以將殘缺的以往、殘缺的人生，畫得很圓。

坦然面對花開花謝

　　孩子們常常會因為一次表揚而微笑相對，會因為一次失敗而沮喪一天。但如果孩子們能坦然地面對成功與失敗，他們就會在花謝時，看到秋收的希望，看到花兒再紅再豔的時候。

　　一匹戰馬馳騁疆場多年，立下過赫赫戰功，還曾因為把受傷的主人從戰場上救回來，而受到部隊長官的接見，並被戴上大紅花，繞城歡慶。牠有過無比光輝的榮耀。

　　後來這匹戰馬在一次戰鬥中受了重傷，被送到後方養傷。傷好後，部隊把牠賣給了一位跛腿的農夫。

　　一天，農夫給馬套上轡頭，讓牠到磨坊裡拉磨時，馬哭了。

　　「夥計，我並沒有虐待你，你怎麼哭了呢？」農夫聽到馬的哭聲後，好奇地問。

　　「我哭，不是因為你虐待了我，我是為自己的命運在哭泣。要知道，我以前是一匹功勳卓越的戰馬，享受過無數的榮耀，而今，卻只能在這個破小的磨坊裡，與笨重的石磨相伴一生，所以我很難過，忍不住就哭了出來。」

　　「我以前也是一個戰功赫赫的將軍，也曾經因為驍勇作戰而獲得過無數的榮耀，後來也是因為在一次戰鬥中受傷，便退伍回鄉。花無百日紅，所以我覺得現在的生活和以前沒什麼差別，因為我現在也很成功，雖然跛腿，但是我卻能活得很開心，這不也是一種榮耀嗎？」

告訴孩子，如果因為錯過太陽而痛哭流涕，還會因為哭泣錯過燦爛的群星。無論境遇怎樣，都要樂觀地面對未來，坦然地去看待花開花謝。只有這樣，在挫折中就不會因為失落而感到痛苦，也不會因為痛苦而錯過更美好的東西。

▌給家長的悄悄話

記得朋友曾經說過這樣一個故事：他在一次宴會中認識一對旅居加拿大的華人夫婦，因為朋友也剛身為人父，所以便和他們聊到了孩子教育的話題。旅居加拿大的華人夫婦向他講述了他們自己的一個親身經歷：

自從他們的兒子進了足球隊，夫婦倆便隨著他輾轉各地打比賽。這之中有捧回冠軍獎盃的輝煌，也有敗走麥城的沮喪，其中滋味，不親身經歷是無法體會的。兒子所在的足球隊有個傳統，就是在比賽結束的時候，父母們站成一排，伸手跟跑過來的小隊員擊掌慶賀。在一次很重要的足球聯賽中，他們隊出人意料地輸給一個水準不高的對手，父母們也都很難過。可一旦面對孩子們，剛才還在為輸掉比賽捶胸頓足的父母們，立刻笑容滿面地跟垂頭喪氣的小隊的擊掌慶賀：「做得好！」

一場本該贏的比賽打成這個樣子還說做得好？當夫婦倆痛心疾首地向同隊一位父母表達惋惜之情時，那位加拿大父母聳聳肩說：「沒關係，他們還是孩子，從這場比賽中他們可以學到

更多東西。我很在乎孩子的成功，但要也尊重孩子從失敗中學習的權利。」

是的，我們很在乎孩子成功，但也要尊重孩子從失敗中學習的權利。允許孩子失敗，因為即便是智者千慮，也終有一失。尊重孩子從失敗中學習的權利，孩子才不會因為失敗而痛心疾首，沒有信心衝刺成功。想一想，在孩子失敗時，我們是不是常這樣說：

- 成為他的手下敗將，太丟臉了！
- 這樣簡單的問題，你都不會，你怎麼這麼笨呢？
- 每次都告訴你不許失敗，怎麼總把我的話當成耳邊風呢？
- 下次再考成這樣，你就等著吧！

這樣，只會讓孩子背負起失敗的包袱難以前行，所以當孩子失敗後，我們不妨這樣跟孩子說：

- 放鬆點，考砸了沒有什麼，只要盡力了，就可以問心無愧。
- 在失敗前面奔跑的是成功，我們應該勇敢追上去。
- 勇敢一點點，失敗與成功的橋梁，是需要我們的勇氣和信心去建築的。

其實孩子最害怕失敗，因為每個孩子都想得到老師的器重，同學的羨慕，家長的誇獎。所以，當孩子遭受失敗的打擊時，我們應該對孩子做好成功的引導。

親子加油站：當孩子失敗後，你可以這樣做

1. 讓孩子感受成功的喜悅。孩子失敗後，成功又在哪裡呢？可以自己創造，比如在家裡設置一個家庭比賽，讓孩子重新體會成功的喜悅。只有讓孩子看到成功，才能忘記失敗的痛苦。

2. 讓孩子做最喜歡的事。這就需要家長們的細心觀察，孩子平時最喜歡做什麼，在失敗的時候讓孩子做最喜歡的事。這樣可以讓孩子找回因失敗丟失的自信。

3. 讓孩子多唱一些樂觀、激勵人心的歌曲。可以採取家庭 K 歌的形式，一人一首歌的形式。

第九章　按照自己的節奏繼續前進

第十章
風雨中自己就是一把傘

　　不知家長們是否還記得這首歌，「滿目繁華何所依，綺羅散盡人獨立。淚中有歡笑，笑中有委屈，別舊夢，向著光明，我往矣。暖我是愛，還我勇氣，走出逆境靠自己……」如果不記得，或許你不會不知道這麼一句話「靠天靠地不如靠自己」、「求人不如求己」。

▍關上溺愛的顯示器

關上溺愛的顯示器時，不妨先給孩子講一個這樣的故事：

有一個人在屋簷下躲雨，忽然看見廟裡一位老和尚正撐著一把傘從身邊走過。這人連忙說：「師父，普渡一下眾生吧！請帶我一程，以解救我淋雨之苦，如何？」

老和尚回答說：「我在雨裡，你在簷下，而簷下無雨，你無需我渡。」

於是，這人立刻跳出屋簷下，站在雨中說：「現在我也在雨中，該渡我了吧？」

老和尚又說：「你在雨中，我也在雨中，我不被淋，因為我有傘；你被雨淋，因為你無傘。所以不是我渡自己，是傘渡我。你要想渡，請自己找傘去。施主，求人不如求己。」說完便消失在雨中。

我們不只一次地教導孩子「求人不如求己」，但為什麼孩子還是過分地依賴父母呢？因為孩子在風雨中沒有自己去找一把傘。

很多初為人父、人母的朋友常問起：「給予孩子的愛，多少才算夠呢？」他們常常為此而苦惱，給予太多，孩子會過分依賴；給予太少，孩子會缺少關懷。

到底怎樣才能把愛的天平調到適中呢？這其實是一個很難解答的問題，因為每一個孩子的生活環境都不一樣，有些愛對

於某個家庭來說是一種溺愛，而對於另一個家庭來說，不過是很普通的愛。所以需要家長們按照自己孩子生活的環境，自己調度安排。但並不是說溺愛是沒有標準的，其實溺愛也有這麼一個通用標準可以自己評判，請從這個顯示器裡看你的孩子是否處在溺愛階段。

顯示器溺愛的種種資料：

- 我的父母會為我做一切事情，而那些事情本來是應該由我自己做的。
- 我的父母從來就不指望我會做家事，我也從來沒有做過，因為我根本就沒有機會做。
- 我想要什麼名牌衣服，都能得到。
- 我在家裡擁有很多的特權。
- 我的父母給我買了很多玩具。
- 我的父母給了我太多的自由。
- 家裡的事情，父母讓我作主，我的話才算數。
- 我的父母從來就不指望，我能掌握其他孩子在學習上的那些技能。
- 我的父母對我愛得過頭了，給了我太多的照顧。
- 我父母的那些規定，根本就不用我去執行。
- 我的父母並沒有堅持他們制定的規則；
- 我的父母為我的課外活動、學習課程、體育運動甚至校外

教學帶多少錢都做了安排。

- 我的父母總要想方設法讓我開心、快樂。
- 我很少跟父母在一起，大多數時間都是我一個人獨自待著。

在這些顯示資料裡，只要孩子有一點，你給予孩子的愛就已經「超載」了。蘇聯著名教育學家馬卡連柯（Anton Makarenko）說：「如果父母對自己的子女感覺愛得不夠，就會感到痛苦，那就是溺愛了。但是，過分的溺愛儘管是一種偉大的感情，卻會使子女遭到毀滅。」

> **小竅門：孩子過分依賴家長，該怎麼辦？**
> 1. 家長必須對孩子充分信任，該放手時就放手，該出手時才出手。
> 2. 讓孩子的膽量再大些，勇敢做事，比如晚上一個人睡。
> 3. 多給孩子自己選擇的機會。
> 4. 多讓孩子自己去處理一些困難，讓他自己去解決。

▎講個「沒有傘的孩子」的故事

每個孩子的成長過程中，都會有一把「保護傘」，就像每一只風箏都有一根線牽著一樣，家長應該早些把線剪斷，早點放孩子「單飛」，這樣孩子才能飛得更高、更遠。

讓孩子學會去做沒有保護傘的孩子，把自己當成一把能保

護自己的傘，可以在風雨中飛奔，可以在風雨中無所畏懼，這樣才能跨過人生的一道道坎，才會懂得把自己的命運握在手裡，依靠自己堅強的翅膀自由地翱翔。

像謝霆鋒這樣的人，我們都以為他們是在保護傘的呵護下長大的孩子，真的是這樣嗎？看看謝霆鋒的這段自述，我們自然會明白。

1980 年 8 月 29 日，我出生在香港的一個明星家庭，父親謝賢是著名演員，母親狄波拉則是港姐冠軍。剛剛出生還沒睜開眼睛的我，就被香港一家雜誌拍成了封面。這或許已經注定了我這一生中，都將比普通人面臨更多的關注。

小時候，親人們都說我繼承了父親的英俊和母親的聰慧，但實際上，我是一個很麻煩的小孩，一直都是事情不斷。

小學三年級時，父母把我送到加拿大，但不久，我就因為打架被迫轉了學。後來，我又回到香港，進入香港國際學校繼續學習。不久，一家週刊爆出了我的多起打架事件，我被再次勸退。不得不退學後，整天無所事事的我，花了 99 美元在二手樂器店買了一套爵士鼓，將心底無數鬱悶全部發洩在爵士鼓上。等鼓被我敲爛後，我才發現我愛上了音樂。於是，為了追逐心中的夢想，我徵得父親的同意，到日本去學習音樂。

當時，我的父母由於感情不和已經離婚，家裡的經濟也一度出現危機。由於阮囊羞澀，身處異國他鄉的我只能身穿爛Ｔ恤、一條牛仔褲、一雙舊皮鞋，背著吉他，吃著飯團，過著居

無定所、四處漂泊的生活。有時，為了節省開銷，我乾脆就在街頭鋪一張報紙，枕著吉他盒睡覺。

人們總習慣看到別人表面的光鮮，而對其背後的艱辛卻永遠忽視。就像有誰能知道我曾經在日本過著這樣的生活呢？那段經歷是我這輩子都不會忘記的，因為它使我懂得，只有寵辱不驚、咬牙堅持，才能走完最艱難的旅程。

1996 年 12 月 27 日，16 歲的我以一名歌手的身分，加盟英皇娛樂旗下的飛圖唱片公司。第二年，我正式登上舞臺，開始了我的演藝生涯。本以為，憑著自己的特殊身分和多年努力，我的輝煌人生會就此拉開序幕，可沒想到，冷冰冰的現實卻給了我殘酷一擊！我的演出不但沒有掌聲，而且迎接我的竟全是喝倒彩的聲音！這可是我始料不及的。

有好長一段時間，只要輪到我上臺，沒等主持人報完我的全名，全場就噓聲一片。有一次，我實在不願再面對這樣的打擊，就在演出前爬上高高的貨櫃躲了起來。後來，我的經紀人霍汶希不得不請來吊車將我拖下來，逼著我去唱歌。她大聲吼叫著說：「別人都以為你是頂著父母的光環來混的，你必須用一千倍的努力來證明你自己！」我默默地流著眼淚，硬著頭皮走上舞臺，認真地完成我的表演，儘管全場的噓聲淹沒了我唱的每一句歌詞。這樣的辛酸故事，在我初出道的三年時光裡總在頻繁上演……

謝霆鋒，一個看似擁有保護傘的孩子，或許也因為我們的

「看似」，他要比常人多付出一千倍的努力，去證明自己是一個「沒有傘的孩子」。他做到了，所以他成功了。2000 年時，他用自己的努力，讓唱片銷量超過了一百萬張，而且獲得了最高銷量歌手獎等榮譽。

生活在鐘鳴鼎食之家也好，生活在粗茶淡飯的平民之家也罷，都應該早早地收起孩子的保護傘，讓孩子從一個「沒有傘的孩子」做起。

備選故事任你挑

每個人終其一生，都是在不斷追求自己人生的輝煌，不管別人的光芒有多麼耀眼，我們都應該有自己的璀璨；不管別人的嗓音多像天籟之音，我們都應該有一首來自我們心底的歌；不管別人的高度是怎樣一種高不可及，我們都應該在自己的心靈座標中，找到一個定位自己人生的點。而這些，都是靠孩子們從小自己去完成。

所以無論我們能給予孩子「傘」也好，不能給予「傘」也好，都應該讓孩子自己去打拚、去尋找，讓他們自己去雨中奔跑，直到他們見到自己人生的彩虹為止。

相信自己的才能超越別人

一次，去幼稚園接女兒的時候，看到過這樣一幕：

一個大約四歲的小女孩哭哭啼啼地從門口走出，母親很遠

就看到自己的女兒哭了，便很快迎了上去。「寶貝，怎麼啦？」母親蹲下去抱著女兒。

「小朋友們都說我長得醜，說話不好聽，唱歌不好聽。」女孩含著淚說。

母親幫女兒拭著淚水說：「媽媽講個故事給妳聽。」

有一位著名女演員叫索尼亞，童年的時候在加拿大渥太華郊外的一個農場裡生活。

那時她在農場附近的小學上學。有一天，她回家後也是很委屈地哭了。她父親問她為什麼哭泣，她斷斷續續地說道：「我們班裡一個女生說我長得很醜，還說我跑步的姿勢很難看。」

父親聽完她的哭訴後，沒有安慰她，只是微笑地看著她。忽然父親說：「我能碰得到我們家的天花板。」

當時正在哭泣的索尼亞，聽到父親的話後覺得很奇怪，她不知道父親想要表達的意思，就反問了一句：「你說什麼？」

父親又重複了一遍：「我能碰得到我們家的天花板。」

索尼亞完全停止了哭泣，她仰著頭看了看天花板，將近四公尺高的天花板，父親能碰到嗎？儘管她當時還小，但她絕不相信父親的這句話。

父親見她不相信，就得意地對她說：「妳不信吧？那麼妳也別相信那個女孩子的話，因為有些人說的並不是事實。」

所以，索尼亞在很小的時候就明白，不能太在意別人說什麼，什麼事都要自己拿主意，要相信自己才能做出正確的判斷。

「索尼亞這麼漂亮的一個演員，都有人說她長得醜，妳信嗎？所以必須得相信自己，只有相信自己長得漂亮，才能去做出更多漂亮的事。懂了嗎？寶貝！」女孩聽了後停止了哭泣。

孩子們時常會因為吵架而相互詆毀，當他們因為被詆毀而哭泣時，我們應該學會給孩子正確的引導，讓孩子記住「走自己的路，讓別人說去」的道理，不要教孩子去說：「你也說她醜」之類，自信的孩子，才能撐起自己的傘奔跑。

改變命運得靠自己的雙手

一天，在女兒的家庭作業上看到這樣一個作文題目：「你相信命運嗎？你覺得命運是什麼？你覺得命運可以改變嗎？請以〈命運〉寫一篇 500 字的小短文。」當時我就很好奇，一個剛上小學三四年級的學生，怎麼就開始去思考命運，談論命運的話題了呢？所以便問女兒想怎麼寫這篇文章。

「佳佳，我看了你們的家庭作業，要以命運寫篇小短文，妳寫了嗎？」

女兒回頭看了看我，「那篇是可選擇性作業，可以不寫。」

「如果爸爸要妳寫，妳會怎麼寫呢？」好奇心催促我問女兒。

女兒放下了手中的筆，坐在我旁邊撓著頭說：「命運？命運？命是天注定的，運是一個人的運氣。我不會相信命是天注定的，因為命是一個長度，生下來有了生命我相信；但未來是

157

什麼樣的命運，我不相信。因為我覺得可以去創造它，所以我不相信命運是先天定下的。如果要我寫的話，我就寫命運是可以被改造的，寫一個人命運被改造的過程。」

我驚奇地發現女兒的確能對所謂的「命由天定，運由己生」古語有不同見解。女兒見我沒有出聲便反問我說：「如果讓你寫，你會怎麼寫呢？」

我笑了笑說：「如果讓我寫的話，我會先講一個故事。」

有個人，一直堅信人的一生是由命運支配的，所以他每天都在盼望著自己的生活會出現奇蹟。他想：既然有命運，那麼一切都由命運來安排吧！然而過了很多年，他的生活一直過得庸庸碌碌，沒有輝煌和光明，只有灰暗和貧困。他想：難道是自己的命運注定如此？

於是他帶著疑問去拜訪一位禪師。他問禪師：「您說，人真的有命運嗎？」

禪師看了看他，答道：「有。」

「但我的命運是怎樣的？是不是我的一生注定是平庸的呢？」他問。

禪師聽後就讓他伸出手來並指給他看，說：「看到你手上的這些線了嗎？它們象徵著你人生的道路和你的命運。」

然後禪師又讓他跟自己做一個動作，將手慢慢地握起來，握得緊緊的。

「你說那些線在哪裡？」禪師問。

「在我的手裡啊！」那人迷惑地說。

「命運呢？」

那人想了想，終於悟出了其中的道理，原來命運不是在別人的嘴裡，而是在自己的手裡。

消極地等待命運安排是愚蠢的想法，要知道，每個人的命運都掌握在自己的手裡。

每個人的命運都掌握在自己的手裡，用自己的雙手就可以改變自己的命運。

女兒伸出自己的手，看了看自己手上的線，深深地點了點頭，「原來命運真的就在自己手上。那我就寫〈握在自己手中的命運〉。」

走出溫床才會不怕風雨

別給生命太舒適的溫床，因為舒適的溫床上只能誕生出脆弱的生命。想要讓生命之樹根深葉茂、頂天立地，那就不能人為給它太充足的水分和養料，要逼迫它自己奮力向下扎根。

不管是一棵草，一棵樹，還是一個孩子，怎樣的條件就會造就怎樣的命運。溫床上長不出參天大樹，襁褓裡裹著的絕不是偉人。如果你的孩子已經很大還在眷戀著溫床的呵護，或許用這個故事可以讓他們走出對父母的依賴。

有兩個人，都在荒漠上各自栽種了一片胡楊樹苗。

樹苗成活後，其中一個人每隔兩三天都要挑起水桶到荒漠

中，一棵一棵地為他的樹苗澆水。不管是烈日炎炎，還是飛沙走石，那人都會雷打不動地挑來一桶一桶的水，一一澆他的那些樹苗。有時剛剛下過雨，他也會來，錦上添花地給那些樹苗再澆一瓢。那人說，沙漠裡的水漏得快，別看這麼兩三天澆一次，樹根其實沒有吸到多少水分，都從厚厚的沙層中漏掉了。

　　而另一個人呢，似乎悠閒多了。樹苗剛栽下去的時候，他來澆過幾次水，等到那些樹苗成活後，他就來得很少了。即使來了，也不過是到他栽的那片幼林中去看看，發現有被風吹倒的樹苗就順手扶一把。沒事的時候，他就在那片樹苗中背著手悠閒地走走，從不澆一點兒水，也不翻一把土。人們都說，這人栽下的那片樹，肯定成不了林。

　　過了兩年，兩片胡楊林樹苗都長得有茶杯粗了，忽然有一夜，狂風從大漠深處捲著一柱柱的沙塵飛來，飛沙走石，電閃雷鳴，狂風捲著滂沱大雨肆虐了一夜。

　　第二天風停的時候，人們到那兩片幼林裡一看，驚訝地發現：原來辛勤澆水的那個人的樹，幾乎全被暴風給刮倒了，有許多樹還被暴風連根拔了出來，刮折的樹枝，倒地的樹幹，被拔出的一蓬蓬黝黑的根鬚，實在慘不忍睹。而那個悠閒得不怎麼給樹澆水的人的林子，除了一些被風撕掉的樹葉和一些被折斷的樹枝外，幾乎沒有一棵被風吹倒或者吹歪的。

　　大家都大惑不解。

　　那人微微一笑說：「他的樹這麼容易就被風暴給毀了，就是因為他的樹澆水澆得太勤，施肥施得太多了。」

　　人們更迷惑不解了，難道辛勤為樹施肥澆水是個錯誤嗎？

　　那人頓了頓，嘆了口氣說：「其實樹跟人是一樣的，對它太殷勤了，就培養了它的惰性，你經常給它澆水施肥，它的根就不往沙土深處扎，只在地表淺處盤來盤去。根扎得那麼淺，怎麼能經得起風吹呢？如果像我這樣，把它們栽活後，就不再去理睬它，地表沒有水和肥料供它們吮吸，逼得它們不得不拚命向下扎根，恨不得把自己的根穿過沙土層，一直扎進地下的源泉中去。有這麼深的根，何愁這些樹不枝繁葉茂，何愁這些樹會輕易就被暴風刮倒呢？」

　　在沙漠自生自滅的胡楊，樹齡可達百年，就是因為它們沒有人們給予的溫床，完全是靠自己去扎根這片環境惡劣的沙漠。

　　一個人要想像胡楊一樣，就必須得捨棄嬌生慣養的溫床，在風雨中自己成長。所以我們應該讓孩子早早離開溫床，或者忍痛讓孩子離開溫床，只有這樣，孩子才不會因為一點風雨、一點挫折而倒下。

若有了翅膀，就該去翱翔

　　妻子和女兒在臥室裡，天真地朗讀起詩來：

竹外桃花三兩枝，春江水暖鴨先知，
蔞蒿滿地蘆芽短，正是河豚欲上時。

女兒一讀完，妻子便問女兒：「知道為什麼春江水暖鴨先知嗎？」

「因為鴨子常年都在水裡，所以當然是鴨子先知道了。」

「那為什麼不是魚兒先知道呢？」妻子反問道。

「如果寫魚兒先知的話，這首詩就不好聽了，所以蘇東坡是故意這樣寫的。」

妻子解釋說：「其實是因為魚兒一直生活在水裡，牠們固然知道水的冷暖。不過在春天，鴨子可以在家待著避開這股寒流，但勤奮的鴨子還是出來了，所以牠們在寒冷中漸漸地感覺到水在慢慢變暖。媽媽再給妳講一個故事，妳就知道了。」

有兩隻鴿子在溫馨的小窩裡生活著，其中一隻鴿子厭倦了平庸的家居生活，牠像著了魔似的渴望到遠方去旅行。另一隻鴿子勸說牠：「你幹麼非要去吃苦不可？離別是十分痛苦的，你情願離開自己的弟兄？這太殘忍了。旅程中千辛萬苦，充滿危險而且令人憂慮，這些望你三思。此外，天氣越來越涼，等到明年春暖花開時再去吧！我想現在旅行會十分危險，什麼老鷹、羅網啊……我還得惦記著，是否下雨了，必需品都齊全嗎？晚餐怎樣？有安全的住宿嗎……」

一番話，雖勸動了著急於旅行者的心，但想出去闖闖，見世面的思想還是占了上風，牠回答道：「別流淚了，頂多三日我就能完成這次旅行。我很快就會回來，給你描述我的見聞，給

你解悶的。我要是什麼也沒看到，就說不出個子丑寅卯來。我所說的旅行會使你十分嚮往，我將會說：『我曾經到過那裡，這事我碰到過。』那麼你也會如同親臨其境一般。」

說完這番話，牠們流著淚分手了。

想當旅行家的鴿子展翅高飛著，這時，一片烏雲夾著大雨向牠襲來，鴿子不得不找一棵樹躲雨。儘管有樹葉遮擋，但鴿子還是經受了暴風雨的襲擊。雨過天青，凍得全身麻木的鴿子抖動著雙翅又啟程了，牠要晾乾自己溼漉漉的軀體。

這時，牠一眼瞧見田邊撒著一些麥粒，旁邊還站著一隻鴿子。飢腸難耐的牠飛了過去，卻被網扣住。這可是引誘飛禽上鉤的誘餌，幸虧網很陳舊，鴿子用翅膀撲騰，用爪子撕扯，用尖嘴啄，硬是把網撕扯開來，掙扎之中還掉了幾尾羽毛在網中。

不過厄運卻還在等著牠。一隻長著鋒利爪子的凶惡老鷹，遠遠就看到了這隻時運不濟的鴿子，只見牠拖著殘網如喪家之犬。就在老鷹俯衝之時，另一隻老鷹伸展著雙翅，斜刺裡竄了出來，鴿子乘兩強爭食之機逃了出來，驚恐地逃向一座破舊的房子。

牠想自己這下可找到一塊安定的庇護所了，誰知一個淘氣的孩子正拿著彈弓在等著牠，幾乎把這隻不幸的鴿子打個半死。勇敢的鴿子沒有懼怕，拍動著雙翅，拖著傷爪，一瘸一拐可憐兮兮地飛回了家中。

當春暖花開的時候，牠們倆結伴出去旅遊。這隻勇敢的鴿子就再沒有受過任何的傷害，因為牠經歷過風雨，見過世面，而另外一隻卻頻頻遭遇那隻勇敢的鴿子以前經歷過的悲劇。

吃一塹就能長一智，一旦孩子的翅膀變硬可以飛翔時，就應該毫不猶豫地讓孩子自己學會去飛翔，去感受風雨，這樣孩子才會健康地成長。

給家長的悄悄話

週末，我跟幾個朋友帶著子女去遊樂場玩，朋友家調皮的小美可能是坐在滑梯口擋住了另一個小朋友的去路。小朋友瞪了小美一眼，還沒有叫小美讓路，就無理地從小美身上跨過去，小美便跟他吵了起來。那個孩子見小美年齡比他大，便去找他媽媽。那位母親一過來不問青紅皂白，就指著小美說三道四的。

妻子實在看不慣想過去和她理論，但朋友一把拉住妻子，讓孩子自己解決，因為是她自己惹的禍。那位母親見小美的家長沒有出面，便生氣地把小美一推，小美倒在地上哭了起來。

妻子實在看不下去，就跑了過去，「妳怎麼打孩子呢？孩子有什麼錯，妳身為大人也不應該打人呀！」那位母親自知理虧，便悻悻地拉起自己的孩子走了。

小美還在哭著，朋友卻任孩子在那裡哭著。孩子不滿地說：「看我被別人欺負了，你也不來幫我，我是不是你親生的？」

朋友對小美說：「妳當然是我們親生的，知道我們為什麼不幫妳嗎？因為自己的事自己解決，不靠天不靠地，更不能靠父母。小美，妳知道為什麼蝸牛一生下來，就背著一個又硬又重的殼嗎？」

小美止住了淚水，搖了搖頭。

「擦乾淚水，我現在來講個故事，聽完以後妳就會明白了。」

小美接過朋友遞的紙巾，擦去了眼角的淚。

小蝸牛看到毛毛蟲、蚯蚓都沒有殼，而自己卻背著一個笨重的殼，就問媽媽：「為什麼我們從生下來，就要背負這個又硬又重的殼呢？」

媽媽說：「因為我們的身體沒有骨骼的支撐，只能爬，又爬不快，所以要靠這個殼來保護！」

小蝸牛：「毛蟲姐姐沒有骨頭，也爬不快，為什麼她就不用背這個又硬又重的殼呢？」

媽媽說：「因為毛蟲姐姐能變成蝴蝶，天空會保護她啊！」

小蝸牛又反問：「可是蚯蚓弟弟也沒骨頭，也爬不快，也不會變成蝴蝶，他為什麼不用背這個又硬又重的殼呢？」

媽媽笑著說：「因為蚯蚓弟弟會鑽土，大地會保護他啊！」

小蝸牛哭了起來：「我們好可憐，天空不保護，大地也不保護。」

蝸牛媽媽安慰他：「所以我們有殼啊！我們不靠天，也不靠地，我們靠自己。」

「小美也要像小蝸牛一樣，不靠天不靠地，靠自己去解決問題。」朋友講完故事後說。小美點了點頭，高興地牽著朋友的手說：「那以後我也要像小蝸牛一樣，不靠天不靠地，靠自己去解決問題。」大家都笑了。

當孩子遇到挫折時，應該先讓孩子自己去解決，只有當孩子解決不了的時候，家長才可以出面幫忙解決，不然孩子就會形成依賴心理。

怎樣才能讓孩子靠自己呢？

- **多受點挫折，多吃點苦**：孩子只有在挫折中才會健康成長，才會有機會去解決一些問題。
- **放手讓孩子自己去解決問題**：很多時候，孩子只要遇到困難就會去找家長，而家長也往往只會聽孩子的一面之詞去解決問題，這就引來一些不必要的麻煩。所以，無論孩子遇到什麼挫折或困難，還是先讓孩子自己去解決更好一些。
- **培養孩子的自理習慣**：只要孩子形成自己處理問題的習慣後，他就不會再因為一些雞毛蒜皮的小事來麻煩家長。
- **從小處入手，從細節做起**：很多家長寧願讓孩子多看一會兒書，也不願讓孩子多做一些家事，其實這種想法是錯誤的。因為孩子在家事上也有很大的興趣和嘗試欲望，所以

多選擇一些簡單的家事放手讓孩子去做，這是讓孩子學會靠自己的開始。

同樣的道理，當孩子遇到挫折的時候，家長也要讓孩子自己去解決，而不應該對孩子說：

· 你自己惹的禍，你自己去解決。

· 以後別有事沒事就來找我。

· 就這點雞毛蒜皮的事，你也好意思來找我。

· 你看人家多懂事，什麼事都自己做，再看看你自己，就沒有什麼本事靠自己解決。

· 你怎麼這麼膽小，連這點事都不敢自己做？

最好這樣和孩子說：

· 如果你把這個問題解決了，下次再遇到問題，你就不會害怕了。

· 若是爸爸媽媽都幫你解決了，假如爸媽不在你身邊的時候，你該怎麼辦呢？

· 你看花兒為什麼會那麼漂亮呢？因為它不是靠別人而是靠自己盛開的。

· 其實這些事你是可以自己解決的，你為什麼不試著去想辦法解決呢？

· 要告訴自己，我可以的，我能把這個問題解決。

親子加油站：讓孩子從多動手開始

怎樣培養孩子多動手的能力呢？

1. 讓孩子多參加各種藝術活動，比如繪畫、剪紙、泥塑等藝術活動。不僅培養了孩子的觀察力、想像力、創造力，還讓孩子形成了動手能力。

2. 讓孩子多做一些家事，比如使用工具和家用電器，適當引導孩子使用鋸子、錘子、鉗子、螺絲刀等工具，安裝、修理或製作簡單的學習用具、家具或其他日常生活用具。也可按照使用說明書，指導他學習使用洗衣機、答錄機、電視機、電冰箱等各種家用電器。但這些引導一定要注意安全，要先教會其正確的操作過程。

3. 多讓孩子參加野外活動，比如採集製作標本或利用天然材料製作玩具。可在假日裡帶孩子們去野外採集製作各種植物標本，形成有目的有益活動。還可以利用已有條件，竹、木料或其他材料，製作各種簡單的玩具。

第十一章
不要讓挫折偷走了你的夢想

我們今日所成就的和所處的位置，都是夢想的結果。你所看到的樓房、汽車；所享受的電視、電話等。都曾經是某個人的願景、夢想。

還記得你年幼時的夢想嗎？如果記得，現在的你是否實現了夢想？

夢想其實就是自己對自己的承諾，是對自己一生的一種責任。請幫助你的孩子構造一個對未來的夢想，並呵護與滋養他的夢想。

夢想給我們堅持的動力

在一些著名人物的傳記中，我們經常可以看到這樣的詞句：他們往往要等上很多年，才能夠獲得成功。英國作家托爾金（John Ronald Reuel Tolkien）把自己半輩子的心血都花在他的三部曲史詩《魔戒》上。法國的沙特（Jean-Paul Sartre）幾乎用了 10 年的時間來寫他的第一本書。在 10 年的時間當中，沙特只專心撰寫這唯一的一本書，三易其稿，可是最後卻遭到了所有出版商拒絕。

試想一下：如果沒有一個遠大的願望和夢想支撐著他們，他們能有這麼大的動力嗎？如果他們沒有把自己的夢想作為動力，他們又怎麼會犧牲自己生命中這麼多寶貴的時間呢？

有很多藝術家們花上幾年去專攻一幅畫作、一本小說或一部戲劇，他們過著完全沒有保障的生活，常常陷入貧困、經濟拮据等窘境，但是所有這一切，他們都可以置之不理，只為了能夠使自己的夢想成真。

演員、歌唱家和舞蹈家也是如此，雖經幾年的奮鬥仍然不成功，他們卻從不輕易放棄自己的理想，他們當中有許多人是過了很久才成名的。如果問他們：「付出這麼多艱辛值得嗎？」他們會回答說：「必要的話，我將一直這麼做下去。」一個人豐富的內心世界和夢想，在他人的眼裡也許會顯得「很古怪」，但是這恰恰是一個人真正擁有的財富。

　　凡是努力工作、具有創造力的人，其最終目的就是為了實現自己的願望。如果一個人沒有了自己的願望，那他就根本不可能有什麼動力。

　　一天，一條小毛蟲朝著太陽升起的方向緩慢地爬行著。牠在路上遇到了一隻蝗蟲，蝗蟲問牠：「你要到哪裡去？」

　　小毛蟲一邊爬一邊回答：「我昨晚做了一個夢，夢見我在山頂上看到了整個山谷。我喜歡夢中看到的情景，我決定將它變成現實。」

　　蝗蟲很驚訝地說：「你燒糊塗了？還是腦子進水了？你怎麼可能到達那個地方。你只是一條小毛蟲耶！對你來說，一塊石頭就是高山，一個水坑就是大海，一根樹幹就是無法逾越的障礙。」可是小毛蟲已經爬遠了，根本沒有理會蝗蟲的話。

　　小毛蟲不停地挪動著小小的軀體。突然，牠聽到了蜣螂的聲音，「你要到哪裡去？」

　　小毛蟲已經開始出汗，氣喘吁吁地說：「我做了一個夢，我想把它變成現實。我夢見自己爬上了山頂，在那裡看到了整個世界。」蜣螂不禁笑著說：「連擁有健壯腿腳的我，都沒有這種狂妄的想法。」小毛蟲不理蜣螂的嘲笑，繼續前進。

　　後來，蜘蛛、鼴鼠、青蛙和花朵都以同樣的口吻勸小毛蟲放棄這個打算。但小毛蟲始終堅持著向前爬行……

　　終於，小毛蟲筋疲力盡，累得快要支撐不住了。於是，牠

決定停下來休息，並用自己僅有的一點力氣建成一個休息的小窩 ── 蛹。

最後，小毛蟲「死」了。

山谷裡，所有的動物都跑來瞻仰小毛蟲的遺體。那個蛹彷彿也變成了夢想者的紀念碑。

一天，動物們再次聚集在這裡。突然，大家驚奇地看到，小毛蟲貝殼狀的蛹開始綻裂，一隻美麗的蝴蝶出現在牠們面前。

隨著輕風吹拂，美麗的蝴蝶翩翩飛到了山頂上。重生的小毛蟲終於實現了自己的夢想……

小小的毛蟲，因為有了夢想，居然「至死不悔」地追尋。快問問你的孩子：他有什麼夢想？

小竅門：夢想與夢幻的區別

夢想與夢幻都是存在於大腦中的一個「想法」。夢想如果不能變成明確的目標和計畫，就會變成夢幻。如果從不為自己的夢想付出行動，夢想就會變成夢幻。

文學大師林語堂說：「夢想無論怎樣模糊，總潛伏在我們心底，使我們的心境永遠得不到寧靜，直到這些夢想成為事實為止。」但要想使「這些夢想成為事實」，行動才是唯一的手段和保證。

從「我的夢想」談起

不管你的孩子有多麼宏偉或可笑的夢想，請不要輕易地否定。此外，當你的孩子在為自己的夢想受挫而沮喪時，一定要記得給他鼓勵、加油。夢想之所以稱為夢想，本來就隱含了難以實現的意思。

美國某個小學的作文課上，老師給小朋友的作文題目是：〈我的夢想〉。

一位小朋友非常喜歡這個題目，在他的作業本上飛快地寫下他的夢想。他希望將來自己能擁有一座占地十餘公頃的莊園，在廣闊的土地上植滿如茵的綠色植物。莊園中有數不清的小木屋，還有烤肉區及一座休閒旅館。除了自己住在那裡外，還可以和前來參觀的遊客分享自己的莊園，有住處供他們歇息。

寫好的作文經老師過目，這位小朋友的簿子上被劃了一個大大的紅「X」，發回到他手上，老師要求他重寫。

小朋友仔細看了看自己所寫的內容，並無錯誤，便拿著作文簿去請教老師。

老師告訴他：「我要你們寫下自己的志願，而不是這些如夢囈般的空想。我要實際的夢想，而不是虛無的幻想，你知道嗎？」

小朋友據理力爭：「可是，老師，這真的是我的夢想啊！」

老師也堅持：「不，那不可能實現，那只是一堆空想，我要你重寫。」

小朋友不肯妥協：「我很清楚，這才是我真正想要的，我不願意改掉我夢想的內容。」

老師搖頭：「如果你不重寫，我就不讓你及格了，你要想清楚。」

小朋友也跟著搖頭，不願重寫，而那篇作文也就得到了大大的一個「E」。

事隔三十年之後，這位老師帶著一群小學生，到一處風景優美的度假勝地旅遊，在盡情享受無邊的綠草，舒適的住宿，以及香味四溢的烤肉之餘，他望見一名中年人向他走來，並自稱曾是他的學生。

這位中年人告訴他的老師，他正是當年那個作文不及格的小學生。如今，他已經擁有了這片廣闊的度假莊園，真的實現了兒時的夢想。

老師望著這位莊園主人，想到自己三十餘年來，不敢夢想的教師生涯，不禁喟嘆：「三十年來為了我自己，不知道用成績改掉了多少學生的夢想。而你，是唯一保留自己的夢想，沒有被我改掉的。」

夢想，不會因為挫折而被折翅，只有自己的退縮才會折下自己飛翔的翅膀。如果要堅持夢想的實現，那就從小朝著這個方向努力。

▌備選故事任你挑

奇蹟的誕生

《功夫熊貓》中的熊貓阿波，他自小就對虎、蛇、鶴、猴、螳螂這蓋世五俠崇拜得五體投地，天天做夢都想當功夫皇帝。可阿波不過是間小麵館的小夥計，而且還是個動作笨拙的大懶蟲，除了滿懷一腔功夫熱情做做白日夢，他最多也就只能在麵館裡混混日子、逮逮蟲子。

而他的人生呢？早就被父親規劃好了，子承父業，經營麵館，娶妻生子，然後過著平凡而安定的日子。因為對武學的熱忱，他去參觀了一次武林大會。在影片中，我們發現阿波在登上谷頂觀看武林大會，一路上是那樣的艱辛，但是他為了一睹自己崇拜的武林高手的尊容，還是堅持爬了上去，他的堅持使他在此刻讓他的命運得以改寫。

如果他沒有對武學的熱忱，或許在大門關上的時候，他就已經不得不放棄回他的麵館當他的夥計。但他還是堅持爬了進去，這時奇蹟就在一步步靠近他。不過是去湊熱鬧一睹偶像風采的阿波，竟誤打誤撞成為龜大仙眼中肩負拯救整個和平谷使命的「救世熊」！

無論是誰，都不會相信阿波會成為救世主，但龜大仙認為他一定能成為曠世武林奇才，在師父訓練阿波的時候，他發現阿波的貪吃成了他的優點：不管多高，為了得到食物他總是能

上去拿到。這便成了訓練阿波的方法，所以最後阿波能成為真正的神龍大俠，打敗了擾世的殘豹。

其實我們從電影中走出，會發現阿波的成功，不僅僅是因為他有著成為功夫皇帝的夢想，更是源自於他艱辛成長的過程，其實我們也發現阿波雖然有這個夢想，但他也覺得自己不會成為神龍大俠，為什麼阿波最後能打敗殘豹呢？因為他有著一個堅定的信念，他相信自己一定能創造奇蹟。

原來，奇蹟並不是那麼的虛幻不實，一個崇高的理想＋一個堅定的信念＋不斷的努力＝奇蹟。

希望每一個孩子都能像阿波一樣，有一個遠大的夢想。作為家長，我們應該去發現孩子身上的這個夢想，再去挖掘他們身上的優點，幫他們經過一次次的努力，使孩子的夢想成為奇蹟。

有夢想就會有遠方

天鵝湖邊，一個 5 歲的小女孩問她媽媽：「為什麼公園的天鵝不飛走呢？」

媽媽說：「因為牠們的翅膀被剪去了，飛不起來。」

女孩又指著一個較小的湖上的那隻天鵝，「媽媽，妳看那隻天鵝的羽毛沒有被剪去，為什麼也不飛走呢？」

媽媽還是親切地跟女兒說：「因為牠沒有了夢想。」

「為什麼沒有了夢想呢？」女孩又奇怪地問。

媽媽還是不厭其煩地解釋：「因為牠們覺得在這裡過得很安逸，所以就沒有了夢想。」

「但是人不可以沒有夢想，媽媽給妳講一個兩艘紙船的故事。」媽媽補充著說。

兩艘紙船在海邊的沙灘上相遇。

「喂，兄弟，你怎麼還不靠岸，這是要到哪裡去呀？」在沙灘上晒太陽的紙船問。

「我要等起風時，乘著風飄進大海，然後去遠航。」另一艘紙船說。

「遠航？別忘了我們只是一張紙做的，可不是鋼鐵之身，你還是趁早打消這個可笑的念頭吧！」

「不，去大海遠航是我的夢想，我是不會放棄的。」

「可是，一進大海，你就有沉沒的危險呀！你這麼傻，還不如就和我待在一起。你看看我，每天晒著太陽，聽著濤聲，日子過得多舒服。」

這艘紙船沒理會那艘紙船的話。一陣風吹過，紙船乘著風進了海裡，並且慢慢地漂向遠方。

「傻瓜，簡直是自取滅亡。」沙灘上的紙船冷冷地說。

「它即使沉沒了，但它的生命是永恆的，因為，它有夢想，有追求。而你呢？卻只是一個庸庸碌碌的紙船，況且，你也不可能在此久待。」一隻海龜對沙灘上的紙船說。

果然，第二天一早，沙灘上的紙船就被海浪埋進沙裡。

「不管未來有多少風霜雨雪，都應該記住要有夢想，只要有夢想，就一定能行得更遠，活得更有價值。只要有夢想，再多的風雨妳都會無所畏懼的。」媽媽用心地開導著一旁凝視著天鵝的女兒。

把你的夢想交給自己

夢想是要靠自己實現的，在實現夢想時，想靠別人的幫助或「賞賜」，只能是一時鬧劇而非一世奇蹟。要想真正讓自己的夢想成真，唯有靠自己持之以恆的努力。

19 世紀初，在美國一座偏遠的小鎮裡住著一位遠近馳名的富商，富商有個 19 歲的兒子叫伯傑。

一天晚餐後，伯傑正在欣賞著深秋美妙的月色。突然，他看見窗外的街燈下，站著一個和他年齡相仿的青年，那青年身著一件破舊的外套，清瘦的身材顯得很羸弱。

他走下樓去，問那青年為何長時間地站在這裡？

青年滿懷憂鬱地對伯傑說：「我有一個夢想，就是自己能擁有一座寧靜的公寓，晚飯後能站在窗前欣賞美妙的月色。可是這些對我來說簡直太遙遠了。」

伯傑說：「那麼請你告訴我，離你最近的夢想是什麼？」

「我現在的夢想，就是能夠躺在一張寬敞的床上舒服地睡上一覺。」

伯傑拍了拍他的肩膀說：「朋友，今天晚上我可以幫你夢想成真。」

於是，伯傑領著他走進了富麗堂皇的寓所。然後把他帶到自己的房間，指著那張豪華的軟床說：「這是我的臥室，睡在這裡，保證像天堂一樣舒適。」

第二天清晨，伯傑早早就起床了。他輕輕推開自己臥室的門，卻發現床上的一切都整整齊齊，分明沒有人睡過。伯傑疑惑地走到花園裡，卻發現那個青年正躺在花園的一條長椅上甜甜地睡著。

伯傑叫醒了他，不解地問：「你為什麼睡在這裡？」

青年笑笑說：「你給我這些已經足夠了，謝謝……」說完，青年頭也不回地走了。

30 年後的一天，伯傑突然收到一封精美的請束，一位自稱是他「30 年前的朋友」的男士，邀請他參加一個湖邊度假村的落成慶典。

在這裡，他不僅領略了眼前典雅的建築，也見到了眾多社會名流。接著，他看到了即興發言的莊園主人。

「今天，我首先感謝的就是在我成功的路上，第一個幫助我的人。他就是我 30 年前的朋友 —— 伯傑……」說著，他在眾多人的掌聲中，徑直走到伯傑面前，並緊緊地擁抱他。

此時，伯傑才依稀想起：眼前這位名聲顯赫的大亨特納，原來就是 30 年前那位貧困的青年。

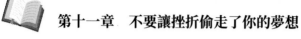

酒會上，那位名叫特納的「青年」對伯傑說：「當你把我帶進寢室的時候，我真不敢相信夢想就在眼前。那一瞬間，我突然明白，那張床不屬於我，這樣得來的夢想是短暫的。我應該遠離它，我要把自己的夢想交給自己，去尋找真正屬於我的那張床！現在我終於找到了。」

夢想可以讓你戰勝一切

在安第斯山脈有兩個好戰的部落。一個住在山下，另一個住在高山上。

有一天，住在山上的部落入侵位於山下的部落，並帶走了一個嬰兒當戰利品。山下部落的人不知道如何攀登到山頂，即使如此，他們仍然決定派出最勇敢的勇士，爬上高山去營救那個孩子。

勇士們嘗試了各種方法，卻只爬了幾百公尺高，正當他們決定放棄的時候，卻看到嬰兒的母親正由高山上朝他們走來，背上還背著她的孩子。

其中一位勇士吃驚地問道：「我們都是部落裡最強壯、最有力的勇士，連我們都辦不到的事，妳是如何辦到的呢？」

孩子的母親聳聳肩說：「他不是你的孩子！」

一個連部落最強的勇士都攀登不上的山，一個母親卻能攀登上去，為什麼？因為她有追求的目標。她的孩子就是她的夢想，所以，在她心裡什麼困難都看不到，就只看到了要回自己

的孩子這件事。相對這個目標來說，所有的困難對她而言，都是微乎其微的。

無法贖回的夢想

感恩節的前 3 天，芝加哥市一位名叫賽尼·史密斯的中年男子，向當地法院遞交了一份訴狀，要求贖回自己去埃及旅行的權利。這個離奇的案件在美國立即引起了軒然大波。

案情的起因發生在 40 年前，當時賽尼·史密斯 6 歲，在威靈頓小學讀一年級。有一天，品行課老師瑪麗小姐讓全班同學各自說出一個自己的夢想。同學們都非常踴躍，尤其是賽尼，他一口氣說出了兩個夢想：一個是擁有一頭小母牛，另一個是去埃及旅行一次。

可是，當瑪麗老師問到一個名叫傑米的男孩時，不知為什麼，他竟一下子沒了夢想，回答不出來了。為了讓傑米也擁有一個自己的夢想，瑪麗老師建議傑米向其他同學購買一個夢想。於是，在瑪麗老師的見證下，傑米就用 3 美分向擁有兩個夢想的賽尼買了一個。由於賽尼當時太想要一頭小牛了，他讓出了第 2 個夢想 —— 去埃及旅行。

40 年過去了，賽尼·史密斯已人到中年，並且在商界小有成就。40 年來，他去過很多地方 —— 瑞典、希臘、沙烏地阿拉伯、中國……卻從沒有涉足埃及。難道他沒想過要去埃及嗎？他說，從他賣掉去埃及的夢想之後，他就從來沒有忘記過這個

夢想。作為一個虔誠的基督教徒和一個誠信的商人，他不能去埃及，因為他把這一行為連同那個夢想一起賣掉了。

2002年感恩節前夕，他和妻子打算到非洲旅行一次。在設計旅行路線時，妻子把埃及的金字塔列為其中的一個觀光景點。賽尼·史密斯決定贖回那個夢想，因為他覺得只有那樣，他才能坦然地踏上那片土地。

然而，賽尼·史密斯沒有贖回那個夢想。經聯邦法院審定，那個夢想現在價值3000萬美元，賽尼·史密斯要贖回去，就會傾家蕩產。

傑米的答辯狀中是這樣說的：「在我接到史密斯先生的律師送達的副本時，我正在打點行裝，準備全家一起去埃及。其實，真正的理由不是我們正準備去埃及，而是這個夢想的價值。小時候我是個窮孩子，窮到我不敢有自己的夢想。只好在瑪麗老師的鼓勵下，用3美分從史密斯先生那裡購買了這樣一個夢想。之後，我徹底地改變了，精神上首先變得富有了，學習上也有了很大進步，並且考上了華盛頓大學。這完全得益於這個夢想，因為我想去埃及。」

「我之所以能認識美麗賢慧的妻子，也是得益於這個夢想，她是一個對埃及著迷的人。如果我沒有購買那個夢想，我們絕不會在圖書館相遇，更不會有一段浪漫迷人的戀愛。我的兒子也是得益於這個夢想，因為他從小我就告訴他：『我有一個夢想，那就是去埃及。如果你能獲得好的成績，我就帶你去那個美麗的地

方。』我想他是在埃及的召喚下，走入史丹佛大學的。」

「現在，我在芝加哥擁有 6 家超市，總價值 2500 萬美元左右。我想，如果我沒有那個去埃及旅行的夢想，我是絕不會擁有這些財富的。尊敬的法官，我想假如這個夢想是你們的，你們一定會認為這個夢已融入你們的生命之中，已經和你們的生活、你們的命運緊密相連，密不可分，而且一定會認為，這個夢想就是你們的無價之寶。」

人生不能沒有夢想。沒有夢想的人，猶如枯萎的花、乾涸的井，毫無生命的活力。夢想最大的意義是給予人們一個方向、一個目標、一個永恆的追求……

賣牛奶的女孩

清晨，一個女孩拿著擠好的牛奶到街上去賣。

在這之前，女孩已經去街上賣過很多次牛奶了，所以對於市場的地點以及如何賣個好價錢，她都相當清楚。和以往一樣，女孩把牛奶罐頂在頭上，往市場走去。

天空晴朗，微風輕柔地吹拂著她的面額，可女孩對這一切都無動於衷。她的心早就飛到了繁華熱鬧的大街上，滿腦子裡想的都是賣完牛奶後的各種打算。等到那時，她的手上會有一筆錢，往常她總會在賣完牛奶後，到市場上買各式各樣的小東西，這是女孩最大的樂趣。

「對了，甜點鋪的隔壁有賣漂亮的圍巾。今天得去那裡瞧

一瞧，或許能找到花色美麗的圍巾。」女孩想，「圍上它到街上的廣場走一走，別人肯定會認為我是高貴家庭出身的女孩。也許會有人跟我搭訕，可那時我該怎麼辦呢？如果那個人長得不怎麼樣，我就只報以淺淺的微笑，直接拒絕。如果那個人很英俊，家世看來也不錯，我要怎麼辦呢？如果那個人問我要不要參加今天晚上的舞會，還伸出手來邀請，我又該怎麼辦呢？對了，我必須做出千金小姐的模樣，稍微屈膝，點頭致意才行……」

好像現在就有一位紳士站在面前邀請她跳舞似的，女孩稍稍屈膝，伸出了一隻手，垂下眼睛致意。可是，這下糟了，她頭上的牛奶罐掉到地上摔破了！

幻想並不是夢想。幻想也是一種夢，但這種夢是遙不可及的，是不可觸碰的。對於幻想者來說，這種幻想是一種精神麻痺劑，它會侵入幻想者的大腦，甚至到心靈，把幻想者徹底吞噬，讓幻想者徹底墮落，把幻想者身上那僅存的希望徹底剝奪，並且讓幻想者永遠沉溺在虛幻的幻想空間中。

而夢想則不同，夢想帶著希望，帶著光輝，它能讓擁有夢想的人改變現有的窘境，讓夢想者擺脫頹廢，讓夢想者從底層的黑暗找到光明的引導。夢想是燈塔，照亮人們前進的路。

▌給家長的悄悄話

小葉的夢想是當一名警察，他經常對爸爸說：「穿上警察制服真是帥氣！」

進入小學後，小葉是班裡的風紀股長。因為履行職責，小葉經常與同學發生衝突，為此，小葉非常沮喪。一天，他對爸爸說：「我以為當一名警察很威風，實際上太麻煩了。現在我連當個風紀股長就已經受到了同學們的打擊和報復，以後要是當警察可怎麼辦呀？我還是不當了！」

為什麼小葉會在遇到困難時，將自己的夢想放棄，而不是讓夢想催促他繼續前行呢？

在小葉的故事裡，或許我們都能看到自己孩子的身影，他們的夢想似乎不是出於自己的喜歡，而是為了一種權威，或許因為一種過度不當宣傳而形成的。不但不符合孩子的切身實際，也並非是孩子長大後所需要的。

不少家長喜歡為孩子設計未來，他們往往不問孩子喜好什麼，不讓孩子自己選擇去做自認為美好的東西。這樣做不但會扼殺孩子的天性，還會讓孩子形成一種叛逆心理，使家長覺得「孩子怎麼越來越不聽話了呢」。在此，編者建議家長們在幫助孩子編織夢想時，不妨做到以下幾點：

- **仔細觀察孩子的喜好及優點**：興趣愛好是夢想實現的開始，在造夢前應該看到孩子的興趣愛好，發現孩子的優點在哪

裡。發現孩子的優點或興趣愛好後，多給孩子一些誇獎，讓孩子自己往興致裡鑽。這樣，孩子的興趣愛好就會形成一種優勢，自然而然就成了孩子的夢想所在。

· **尊重孩子的選擇**：即便你覺得孩子的夢想是因為一時衝動而形成，且不切實際，也應該先給孩子鼓勵、支持，不能用粗暴武斷的話語去壓制與打擊他，說出諸如「你根本就不是那塊料」或是「淨做白日夢」一類的蠢話。

· **跟孩子一起討論未來**：透過孩子現在的一些實際情況，慢慢地幫助他們發現自己的人生目標及計畫。

親子加油站：如何靈活地看待孩子的夢想

1. 時刻關注孩子對夢想的熱忱度。如果孩子自己樹立的夢想，不過是因為頭腦一時發熱確立的，自己並不感興趣，那麼我們就應該將孩子往他的興趣愛好上引導。

2. 如果孩子堅持了一年兩年都沒有什麼進展，不僅要找出孩子自身的原因，更要反思我們自身的教育方式。還有應該反問一下，自己到底能不能發現孩子適合做什麼？

3. 在平時，如果發現孩子還有更大的優勢或者興趣愛好沒有發掘出來，那就讓孩子試著做一下，看看他是否最適合做這些。

第十二章
有一種成功叫堅持

　　著名詩人里爾克（Rainer Maria Rilke）曾說過：
「有何勝利可言，堅持便是一切。」中國也有一句古話：
有志者事竟成。人生就好比一場拳擊比賽，充滿了躲
閃與出拳，如果足夠幸運，只需一次機會、一記重拳
即可，但首要的條件是，你必須得頑強地站著，這就
是堅持。

　　堅持說起來容易，做起來卻很難。因為，堅持
包含了太多的淚水、汗水甚至血水……然而，當你挺
住了，你便能享受到幸福、喜悅、快樂乃至榮譽。所
以，在某種程度上說，成功＝堅持。

咬定青山不放鬆

　　在馬拉松長跑中，最初參加起跑的人可以說成百上千。但是跑出一段路程後，參賽的人便漸漸少起來，原因是堅持不下去的人，逐步自我淘汰了。而且越到後面人越少，全程都跑完能夠衝刺的人更少，獎牌實際上就是頒給這些堅持到最後的人。

　　馬拉松競賽與其說是比速度，不如說是拚耐力，也就是看誰能堅持到最後。我們做任何事情都和賽跑一樣，成與敗往往只是幾步之差，因而只要在最後起決定性作用的幾秒鐘內，爆發出巨大的潛能，我們就會獲得成功。最後的努力才是決定命運的努力。

　　「鍥而舍之，朽木不折；鍥而不捨，金石可鏤」。水滴尚且能穿石，人若能以恆心與毅力去做一件事，又有什麼做不到呢？

　　許多平庸者的悲劇，就在於被前進道路上的迷霧遮住雙眼，他們不懂得忍耐一下，不懂得再跨前一步就會豁然開朗。一個人想成大事，就必須堅持下去，惟有堅持下去才能取得成功。

　　平庸者之所以在做事時會淺嘗則止、半途而廢，主要原因是這種人天生就有一種難以擺脫的惰性。當他在前進的道路上遇到障礙和挫折時，便會很自然地畏縮不前了。

　　這就跟人們走路的習慣一樣，人們總是喜歡走那些不費力氣的路，也就是人人都喜歡走柏油路而不願意走泥巴路的原因，實際上也是一般人常常見了困難繞著走的深層原因。

　　在可口可樂公司創立不久，阿薩‧坎德勒（Asa Griggs Candler）遭受到了來自四面八方的攻擊。

　　有一個醫生說，他的病人由於喝可口可樂而死亡，他要求議會禁止可口可樂的生產和銷售。還有許多人認為，可口可樂是一種興奮劑，含有古柯鹼、咖啡因、麻醉劑等對人體有害的物質。

　　於是，一位聯邦官員下令查封了可口可樂公司的一批貨，並堅持要求將可口可樂中的咖啡因、古柯鹼去掉。這位聯邦官員還不依不饒地將阿薩的可口可樂公司告上了法庭，以期使這家全美國最大的飲料公司屈服。

　　但是阿薩‧坎德勒一向不肯認輸，他請自己的弟弟擔任辯護律師，與政府展開長達 7 年的官司大戰。一審結果，可口可樂雖然獲勝，然而直到1918年，政府與可口可樂公司才在庭外和解。

　　堅忍不拔的鬥志是所有成功者的共同特徵之一。他們也許在其他方面有缺陷和弱點，但是堅忍不拔的鬥志，卻是每一個成功者身上不可或缺的。無論他處境怎樣艱苦，無論他遭遇失敗時怎樣失望，任何苦難都不會使他厭煩，任何困難都不可能打倒他，任何不幸和悲傷都不會摧毀他。

　　過人的才華和豐厚的稟賦，都不如堅持不懈的努力更有助於造就一個偉人。在生活中最終取得勝利的，大都是那些堅持到底的人，而不是那些自認為自己是天才的人。但是，很少有人能完全理解這一點：傑出的成就都源於堅忍不拔的鬥志和不懈的努力。

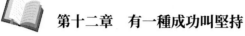

傑出的鳥類學家奧杜邦（John James Audubon）在森林中刻苦工作了許多年。一次，在他度假回來時，發現自己精心創作的 200 多幅極具科學價值的鳥類繪畫都被老鼠糟蹋了。回憶起這段經歷，他說：「強烈的悲傷幾乎擊穿了我的整個大腦，我接連幾個星期都在發燒。」但過了一段時間後，他的身體和精神都得到了一定的恢復。他又重新拿起槍，拿起背包和筆，重新走向了森林深處。

無論一個人有多聰明，如果沒有堅忍不拔的品格，他就不會在團體中脫穎而出，他就不會取得成功。許多人本可以成為傑出的音樂家、藝術家、教師、律師或醫生，但就是因為缺乏這種傑出的品質，最終一事無成。

堅忍不拔的鬥志還是一種力量，一種魅力，它使別人更加信賴你，每個人都信任那些有魄力的人。實際上，當下定決心做這件事情時已經成功一半了，因為人們都相信這種人會實現自己的目標。對於一個不畏艱難、一往無前、勇於承擔責任的人，人們知道反對他、打擊他都是徒勞的。

堅忍的人從來不會停下去想他到底能不能成功，他唯一要考慮的問題就是如何前進，如何走得更遠，如何接近目標。無論途中有高山、有河流還是有沼澤，他都會去攀登、去穿越。而所有其他方面的考慮，都是為了實現這個終極目標。

小竅門：孩子打退堂鼓的原因

有些孩子缺乏堅忍的個性，他們求知欲望強烈卻意志脆弱。所以，一遇到不利於自己的情況，就會聽任脆弱的意志擺弄，直到他所追求的目標成為記憶中一個遙遠的影子。

好在堅忍的意志屬於人性中後天的成分，是可以培養的。家長們可以透過以下四個步驟來打造孩子的性格，讓他意志逐漸走向堅韌。

第一，在確定目標的基礎上，不停地給他的求勝欲望火上澆油。

第二，制訂一份切合實際的計畫，使他在追求成功的行動永不停止。

第三，不受外界一切消極因素的影響，包括至愛親友的干擾。

如果你這樣做，你就會發現，你的孩子身上產生一種連你自己都感到奇怪的神祕力量，它既可以使你的孩子振奮起來，又能使困難在他面前低頭。

▍講個「堅持與退縮」的故事

「鍥而舍之，朽木不折；鍥而不捨，金石可鏤。」，這是我們常教育孩子用的名句，只要鍥而不捨，金石也能雕刻成花，滴水也能穿石，繩鋸也能斷木。堅持是一種力量，是一種在遇到挫折時也能激流勇進的力量，是一種昭示成功的力量。

有兩位北上工作的姐妹，幾經周折才被一家禮品公司招聘為業務員。

她們沒有固定的客戶，也沒有任何關係，每天只能提著沉重的鐘錶、茶杯、檯燈以及各種工藝品的樣品，大街小巷去尋找買主。五個多月過去了，她們跑斷了腿，磨破了嘴，仍然到處碰壁，連一個鑰匙圈也沒有推銷出去。

無數次的失望磨掉了妹妹最後的耐心，她向姐姐提出兩個人一起辭職，重找出路。姐姐說，萬事開頭難，再堅持一陣，也許下一次就會有收獲。妹妹不顧姐姐的挽留，毅然告別那家公司。

第二天，姐妹倆一同出門。妹妹到處找工作，姐姐依然提著樣品四處尋找客戶。那天晚上，兩人回到租屋處時卻是兩種心境：妹妹求職無功而返，姐姐卻拿回來推銷生涯的第一張訂單。

原來，一家姐姐登過四次門的公司要召開一個大型會議，向她訂購了兩百五十套精美的工藝品作為與會代表的紀念品，總價值二十多萬。姐姐因此拿到兩萬元的獎金。從此，姐姐的業績不斷攀升，訂單一個接一個而來。

六年過去了，姐姐不僅有了汽車，還擁有三十多坪的房子和自己的禮品公司。而妹妹的工作卻仍然像走馬燈似的換著，連穿衣吃飯都要靠姐姐資助。

妹妹向姐姐請教成功的真諦。姐姐說：「其實，我成功的全部祕訣就在於我比妳多了一次努力。」

不妨問問那些不願意再堅持的孩子：你是想做姐姐呢？還是想做妹妹？

成功與失敗總是在堅持與退縮之間出現，只要再努力堅持一次，或許就會成功。而退縮，則是自己主動關上成功的大門。

▋備選故事任你挑

人生就是一個不斷遇到困難，並且不斷解決困難的過程，這個過程時而短暫、時而漫長。面對有些不利境況的時候，唯一能做的就是堅持，挺過生命的低谷期，挺過走投無路的艱難期，只有堅持才能看到「柳暗花明又一村」的精彩。

最好的總會到來

我們每個人在向夢想前進時，都是非常艱難的，但在面對挫折與困境時，我們只有堅持下去，才能有所突破。

隆納・雷根（Ronald Wilson Reagan）被美國人認為是歷史上最成功的總統之一。他年輕時的一段經歷讓他終生難忘，也教會了他如何面對挫折。

「最好的總會到來。」每當他失意時，他母親就這樣說，「如果你堅持下去，總有一天你會交上好運。並且你會認識到，要是沒有從前的失望，好運是不會發生的。」

母親是對的。1932 年從大學畢業後，雷根發現了這點。他決定試試在電臺找份工作，然後再設法去做一名體育主播。於

是他搭便車去了芝加哥，敲開了所有電臺的門，但都失敗了。

在一個播音室裡，一位很和氣的女士告訴他，大電臺是不會冒險僱用一名毫無經驗的新手的。「再去試試，找家小電臺，那裡可能會有機會。」她說。雷根又搭便車回到了伊利諾州的迪克森。雖然迪克森沒有電臺，但他父親說，蒙哥馬利·沃德開了一家商店，需要一名當地的運動員去經營它的體育專櫃。由於雷根少年時在迪克森中學打過橄欖球，於是他提出了申請，那工作聽起來正合適，不過他沒能如願。

雷根感到十分失望和沮喪。「最好的總會到來。」他母親提醒他說。父親借車給他，於是他駕車行駛了 70 英里來到特萊城。他試了試愛荷華州達文波特的 WOC 電臺。節目部主任是位很不錯的人，叫彼特·麥克亞瑟，他告訴雷根說，他們已經僱用了一名播音員。

當雷根離開這個辦公室時，受挫的心情一下子發作了。雷根大聲地喊道：「要是不能在電臺工作，又怎麼能當上一名體育主播呢？」說話的時候，他正在那裡等電梯，突然聽到了麥克亞瑟的叫聲：「你剛才說體育什麼來著？你懂橄欖球嗎？」接著他讓雷根站在一架麥克風前，叫他憑想像播一場比賽。

雷根腦中馬上回憶起去年秋天時，他所在的那個隊在最後 20 秒時以一個 65 米的猛衝擊敗了對方，在那場比賽中，他打了 15 分鐘。他便試著解說那場比賽。而後，麥克亞瑟爽快地告訴他，他將選播星期六的一場比賽讓他解說。

雷根在回家的路上，就像自那以後的許多次一樣，他都想到了母親的話：「如果你堅持下去，總有一天你會交上好運。並且你會認識到，要是沒有從前的失望，好運是不會發生的。」

生活中渴望成功的人很多，但能真正獲得成功的人卻沒那樣多。對於失敗者來說，他們並不是沒有機會，也不是沒有其他獲取成功的本錢，他們缺乏的往往是向成功衝刺時最需要的堅持，因此他們可能因此而輸掉了人生、輸掉了世界。

堅持到底就是勝利

有一本書裡寫過這麼一句話：「這個世界幾乎不合所有人的夢想，只是有些人學會遺忘，有些人卻繼續堅持。」放任自流是世上最容易的事，堅持到底是世上最難的事。

1950 年代，有一位美國女游泳運動員，她想要成為世界上第一位橫渡加利福尼亞海峽的人。為了實現這個心願，她不斷地練習，不斷地為這歷史性的一刻做準備。

這一天終於來了。

女選手充滿自信地昂首闊步，然後在眾多媒體記者的注視下，滿懷信心地躍入大海中，朝對岸的方向前進。

旅程剛開始時，天氣非常好，女選手很愉快地向目標挺進。

但是隨著越來越接近對岸，海上卻起了濃霧，而且越來越濃，幾乎到了伸手不見五指的程度。

女選手處在茫茫大海中，完全失去了方向感，她不曉得到

底還有多遠才能上岸。

她越游越心虛，越來越筋疲力盡。最後她終於宣布放棄了。

當救生艇將她救起時，她才發現只要再游 100 多公尺就到抵達岸上。

眾人都為她惋惜，距離成功就那麼近了。

她對著眾多的媒體大發感嘆：「不是我為自己找藉口，如果我知道距離目標只剩 100 多公尺，我一定可以堅持到底的。」

是的，也許她再堅持一點點就取得成功了，但就是差這麼一步，成功和失敗就有了區別。人們經常會停滯在離成功還有一點點距離的地方，可是那個地方依然叫做失敗。

冠軍永遠都是那些百折不撓、被打倒了還會再爬起來的人。一次、兩次不成，就再試幾次。能不能成功，全看他能否堅持到底。多數人沒有達到目標，原因就在於不能堅持。百折不撓的毅力，才是成功人生的必備條件。

有一顆名為「自由者」的鑽石，據說是由一位名叫索拉諾的委內瑞拉人，在挑選了近百萬顆普通石頭的最後一次彎腰時，拾起的「鵝卵石」加工而成的。

沒有比腳更長的路

魯迅曾說，希望本是無所謂有，無所謂無的，這正如地上的路，其實地上本沒有路，只是走的人多了，也就成了路。希望與失望就在一念之間，給孩子的人生路上播撒一些希望的種

子，希望就能讓孩子樂觀地面對人生的坎坷與慘澹。

古老的阿拉比王國坐落在大漠深處，多年的風沙肆虐，使昔日富饒的城市變得滿目瘡痍，城裡的人越來越少。國王意識到了危機。

一天，國王召集了四個王子，對他們說：「我打算將國都遷往美麗而富饒的卡倫。」

「卡倫離這裡很遠很遠，要翻過許多崇山峻嶺，要穿過草地和沼澤，還要涉過很多大河，但究竟有多遠，沒有人知道。」國王說。

國王看了看他們繼續說：「我決定讓你們四個分頭前往探路。」

四個王子都驚異於國王的決定，但他們還是服從了命令，帶上充足的物品出發了。

大王子乘車走了八天，翻過四座大山，來到一望無際的草地，他一問當地人，才知過了草地，還要過沼澤，還要過大河、雪山。他想到路途如此艱難和遙遠，於是停止了前進。

二王子策馬穿過一片沼澤後，被一條寬闊的大河擋住了去路，望著奔湧的河水，他也掉轉了馬頭。

三王子漂過了兩條大河，卻又走進了一望無際的大漠，在茫茫的沙漠中，他茫然不知所措，於是開始搜尋著回來的路。

一個月後，三個王子陸陸續續回到國王身邊，將各自沿途所見報告給國王，並都再三特別強調，他們經歷了很多艱難，

也在路上問過很多人，也都告訴他們去卡倫的路很遠很遠。

又過了六天，小王子風塵僕僕地回來了，他興奮地向父親報告 —— 到卡倫只需十八天的路程。

國王滿意地笑了：「孩子，你說得很準確，其實我早就去過卡倫。」

幾個王子不解地望著國王，「那您為什麼還要派我們去探路？」

國王一臉鄭重地說道：「我只想告訴你們四個字，腳比路長。」

堅持下去，你就能成功。因為：沒有比腳更長的路，沒有比人更高的山。

奇蹟的實現在於堅持

安徒生很小的時候，當鞋匠的父親就過世了，留下他和母親兩人過著貧困的日子。

一天，他和一群小孩獲邀到皇宮裡去晉見王子，請求賞賜。他滿懷希望地唱歌、朗誦劇本，希望能獲得王子的讚賞。

等到表演完後，王子和藹地問他：「你有什麼需要我幫忙的嗎？」

安徒生自信地說：「我想寫劇本，並在皇家劇院演出。」

王子把眼前這個有著小丑般大鼻子和一雙憂鬱眼神的笨拙男孩從頭到腳看了一遍，對他說：「背誦劇本是一回事，寫劇本

又是另外一回事，我勸你還是去學一項有用的手藝吧！」

但是懷抱夢想的安徒生回家後，不僅沒有去學餬口的手藝，還打破了他的存錢罐，向媽媽道別，到哥本哈根去追尋夢想。他在哥本哈根流浪，敲過所有哥本哈根貴族家的門，沒有人理會他，不過他從未想到退卻。他一直寫作史詩、愛情小說，卻未能引起人們的注意，他雖然傷心卻仍然堅持寫了下去。

1825 年，安徒生隨意寫的幾篇童話故事，出乎意料地引起了兒童們的爭相閱讀，許多讀者渴望他的新作品發表，這一年，他 30 歲。

直至今天，《國王的新衣》、《醜小鴨》等許多安徒生所寫的童話故事，陪伴了世界上許多兒童健康地成長。

「成為一名作家需要磨練，更需要堅持，只有在磨練中堅持，才會成長，才能成就一番事業，不管遇到什麼困難，不管條件如何艱苦，都不向困難低頭，堅持下去，就能讓夢想的奇蹟之花盛開。」

再努力一次

兩隻青蛙在覓食中，不小心掉進了路邊一個牛奶罐裡。牛奶罐裡還有為數不多的牛奶，但足以讓青蛙們體驗到什麼叫滅頂之災。

一隻青蛙想：完了，完了，全完了，這麼高的牛奶罐，我是永遠也出不去了。於是，牠很快就沉了下去。

另一隻青蛙在看見同伴沉沒於牛奶中時，並沒有一味的沮喪、放棄，而是不斷告誡自己：「上帝給了我堅強的意志和發達的肌肉，我一定能夠跳出去。」牠每時每刻都在鼓起勇氣，鼓足力量，一次又一次奮起、跳躍，生命的力量與美展現在牠每一次的搏擊與奮鬥裡。

　　不知過了多久，牠突然發現腳下黏稠的牛奶變得堅固起來。原來，經過牠的反覆踐踏和跳動，已經把牛奶變成了一塊乳酪。不懈的奮鬥和掙扎終於換來了自由的一刻，最後牠終於從牛奶罐裡跳了出來，重新回到了綠色的池塘裡。而那一隻沉沒的青蛙就那樣留在了那塊乳酪裡，做夢都沒有想到能有機會逃離險境。

　　一隻小小的青蛙在面臨危險的時候都能堅持到最後，而我們又有多少人能做到這一點呢？

　　要做人生的強者，首先要做精神上的強者，做一個堅忍不拔、威武不屈的人。世間不存在無法克服的艱難和困苦。當面臨絕境無法擺脫時，當你氣喘吁吁甚至精疲力竭時，只要再堅持一下，再奮力爭取一下，或許就會戰勝困難。

　　有時，有許多偉人也會出現這樣的錯誤，在他們即將抵達成功時，卻因又一次失敗而放棄了。比如，德國科學家席勒在研究 X 光即將看到曙光時失去了信心，罷手卻步，遂將成功的喜悅奉送給了倫琴（Wilhelm Röntgen）。

　　歌德曾這樣描述堅持的意義：「不苟且地堅持下去，嚴厲地

驅策自己繼續下去，就是我們之中最微小的人這樣去做，也很少不會到達目標。因為堅持的力量會隨著時間增長到沒有人能抗拒的程度。」

精衛填海

傳說炎帝有一個女兒，名叫女娃，長得非常聰明可愛，是他最鍾愛的女兒。炎帝不僅管太陽，還管五穀和藥材。他事情很多，每天一大早就要去東海，指揮太陽升起，直到太陽西沉才回家。

炎帝不在家時，女娃便獨自玩耍，她非常想讓父親帶她出去，到東海太陽升起的地方去看一看。可是父親忙於公事，總是不帶她去。這一天，女娃實在無聊之極，姐姐妹妹也都不在家，於是她便一個人駕著一艘小船向東海太陽升起的地方划去。

不幸的是，半路上刮起了風暴，波濤掀捲湧動著滔天的巨浪，眨眼間像山一樣高的波濤奔騰呼嘯著從四面合攏。女娃努力掙扎著不讓小船被海水吞沒，可是猙獰凶狠的巨浪還是打翻了女娃的小船，女娃被無情可怖的大海吞沒，永遠回不來了。炎帝痛失愛女，心中無比悲痛，但他卻不能使她死而復生，甚至無法為她復仇，也只有獨自神傷嗟嘆了。

女娃死後，她的精魂依然不肯散去，最後化作了一隻小鳥，花腦袋，白嘴殼，紅腳爪，發出「精衛、精衛」的悲鳴，所以，人們叫她「精衛」。

精衛痛恨無情的大海奪去了自己年輕的生命，她要報仇雪恨。因此，她一刻不停地從她住的山上銜一粒小石子，或是一段小樹枝，展翅高飛，一直飛到東海。她在波濤洶湧的海面上回翔悲鳴著，把石子樹枝投下去，想把大海填平。

　　大海奔騰著，咆哮著，狂傲地嘲笑她：「笨鳥兒，算了吧！我是世間最強大的，誰也無法打敗我！妳就是填上一百萬年，也休想把我填平。」

　　精衛在高空答覆大海：「哪怕是填上一千萬年，一萬萬年，填到世界的末日，我也要把你填平！」

　　「你為什麼這麼恨我呢？」

　　「因為你奪去我年輕的生命，你將來還會奪去許多年輕無辜的生命。我要永無休止地填下去，總有一天會把你填成平地。」

　　精衛鳥迎著長風，借助長風的力量；迎著流雲，借助流雲的速度；迎著暴雨，借助暴雨的衝擊；迎著雷霆，借助雷霆的怒吼，日日穿行在大山和東海之間，不將大海填平誓不甘休！她向大海投去憤怒，投去仇恨，也投去了生命和青春！

　　堅忍不拔，不畏強權，精衛鳥的精神千百年來一直為人們所稱道。生活中總會有困難、挫折和失敗，面對它們，是絕不放棄，奮勇前進，還是絕望退縮，自甘消沉，不同的選擇會導致不同的結果。這就是為什麼有人失敗之後依然能夠站起來，最終走向成功，而有的人卻從此一蹶不振的原因吧！從絕望中尋找希望，人生終將輝煌！

給家長的悄悄話

怎樣讓孩子在最艱難時，不畏艱難邁出下一步呢？

· 孩子，你需要耐心。每逢孩子遇到困難時，我們最好能夠說一聲：「寶貝，你需要耐心。」比如，當他們搭的積木倒了、拉小提琴拉得不夠好、記不住英語單字時，要是家長首先能耐心地提醒他們，做任何事情都需要耐心，效果就會大不一樣。

「寶貝，積木倒了沒什麼關係，我們一起再搭，積木本來就是搭了拆、拆了搭的。」、「寶貝，小提琴拉不好沒關係，我們把曲子分成幾段，今天先練習第一段，好不好？」有了父母的話，孩子定然會把遇到困難時的急躁心情平靜下來，然後繼續努力前行。

· 堅持就是勝利。孩子為什麼會半途而廢？很多時候都是因為看不到希望。當孩子遇到挫折時，我們要告訴孩子，只要堅持下去就能看到勝利，因為勝利就在堅持一下的努力之中。

· 好孩子是不怕輸的。坦然地面對失敗是孩子應具備的心態，但這種心態需要父母的多次鼓勵才會形成。告訴孩子，好孩子們都不怕輸，他們輸的時候也會輸得很光彩，因為他們能在輸的時候看到贏的曙光。

- 再試一次吧！當孩子遇到不能解決的問題，需要我們幫忙做的時候，告訴孩子：「你再試一次吧！」我們還常常會發現，孩子在又一次努力之後，他們成功了。

- 要和別人合作。讓孩子解決問題，可以叫孩子嘗試去找一些人合作。比如他的朋友、同學，而家長們要少參與這種合作，因為那樣孩子們會更願意和朋友分享勝利的果實。所以這時候，我們可以告訴孩子：「你可以找 ×× 一起去完成。那樣做人多力量大，這個艱巨的任務就會比較容易完成。」

親子加油站：應在哪些方面讓孩子學會堅持

1. 樹立孩子的自信心，自信的孩子都懂得堅持。
2. 盡量做孩子的鼓勵者和支持者，而不做他們的協助者，不讓孩子有依賴的心理。
3. 多讓孩子參加一些活動，比如體育比賽，讓孩子在競爭中堅強起來。
4. 讓孩子多參與一些家務活動，讓他們儘早知道生活的艱辛。

第十三章
不要為打翻的牛奶哭泣

　　有些孩子因為從小嬌生慣養，經受的挫折太少，一帆風順的時候太多。這些孩子對自己的要求比較高，甚至追求完美，事事要求做到最好，不能容忍一丁點兒的失敗，在別人看來沒有什麼大不了的事情，在他們眼裡就變得不能容忍。一點小挫折便會讓他們聯想很多，無法自拔，不停地透過自我譴責來折磨自己，不能從陰影裡面走出來。

　　有些孩子也可能受過不少挫折，但他們沒有從以往的挫折中吸取足夠的教訓，所以，當他們再次遇到挫折，就彷彿是第一次遇到挫折一樣，不能堅強地面對，還總是抱怨命運不濟，沒有從自身找出更深刻的原因。

　　其實，成功是要經歷風浪的，沒有一顆堅強的心，是很難在意想不到的挫折面前抬起頭來，繼續走下去的。

▌聰明人不會為損失而哀嘆

　　當你的孩子做了錯事或者受到挫折，而長時間沉浸在悲傷與憂慮中時，你知道應該如何去幫助孩子從焦慮的泥潭中儘快抽出身來嗎？

　　在美國紐約一所中學任教的保羅博士，曾給他的學生上過一堂令人難忘的課。這一個班多數學生都為過去的成績感到不安。他們總是在交完考卷後充滿了憂慮，擔心自己不能及格，以致影響了下階段的學習。

　　一天，保羅在實驗室裡講課，他先把一瓶牛奶放在桌上，沉默不語。學生們不明白這瓶牛奶和所學的課程有什麼關係，只是靜靜地坐著，望著老師。保羅忽然站了起來，一巴掌把那瓶牛奶打翻在水槽中，同時向同學們說了一句很經典的話：「不要為打翻的牛奶哭泣。」

　　然後他叫學生們圍到水槽前仔細看一看，「我希望你們永遠記住這個道理，牛奶已經淌光了，不論你怎麼樣後悔和抱怨，都已經沒有辦法取回一滴了。你們要是事先想一想加以預防，那瓶牛奶或許還可以保住，可是現在晚了，我們現在所能做到的，就是把它忘記，然後集中精力去做好下一件事。」

　　「不要為打翻的牛奶哭泣」—— 這句話包含了深刻的哲理，過去的已經過去，不能重新開始，不能從頭改寫。為過去

哀傷，為過去遺憾，除了勞心費神，分散精力，沒有一點益處。

焦慮，是每個人一生中都難以迴避的不良情緒之一。家長們可能會以為，焦慮是成人的「專利」，其實不然，孩子也有焦慮的時候。孩子因為年齡小，遇到突然發生的挫折和打擊，往往會使幼小的心靈失去平衡，由此而產生焦慮情緒。

莎士比亞說：「聰明人永遠不會坐在那裡為他們的損失而哀嘆，卻會用思考去尋找辦法來彌補他們的損失。」告訴你的孩子：漫漫人生路，總會伴隨著許多困難和挫折，重要的不是我們失去了什麼，而是我們從中能學會什麼，又得到了什麼。

我們每做一件事情，都會有經驗和教訓產生，經驗固然可貴，教訓也是不容忽視的。但我們不能沉湎於被教訓打擊的痛苦之中，因為我們還要前進。

小竅門：家長如何讓自己的孩子減少焦慮

1. 自己首先做一個樂觀的家長，給孩子樹立榜樣。
2. 為孩子營造一個樂觀溫馨的生活環境。
3. 讓孩子學會看到事物的兩面性，讓他們坦然面對得失、成敗。
4. 不拿孩子跟其他優秀的同學做比較，應該找出自己孩子獨有的優點

▋從「大衛王喪子」談起

有句老話叫「盡人事，聽天命」，大意是盡自己最大的努力去爭取、去努力，無論結果如何都安然接受。是啊！付出了自己所能付出的，即使還是失敗也就無怨無悔了，就像人們常說的那樣，「不管結果如何，我竭盡全力了。」

大衛王是古代以色列歷史上非常有名的一個國王，因為做了錯事而遭到神的譴責。神讓大衛王的一個孩子得了重病，大衛王為這孩子的病懇求神的寬恕而開始絕食。他把自己關在內室裡，白天黑夜都躺在地上，希望用這種自虐的方式求得天神的原諒，不再降禍於他的孩子。

然而，在大衛王的「苦肉計」進行到第七天時，患病的孩子終於死去了。大衛王的臣僕們都不敢告訴他孩子的死訊。

大衛王見臣僕們彼此低聲說話、神色戚戚的樣子，就知道孩子死了。於是他問臣僕們說：「孩子死了嗎？」

臣僕們不敢撒謊，只得如實回答：「死了。」

大衛王聽了孩子的死訊，就從地上起來，沐浴後抹上香膏，又換了衣服，吩咐人擺上飯菜，大口大口地吃了起來。

對著疑惑不解的臣僕們，大衛王說：「孩子還活著的時候，我不吃不喝，哭泣不已，是因為我想到也許天神會憐恤我，說不定還有希望不讓我的孩子死去；如今孩子都死了，怎麼也無法復活了，我又何必繼續用絕食、哭泣來折磨自己呢？我怎麼

做都不能使死去的孩子復活了！」

當壞事已成定局，我們也得像大衛王那樣想得開：努力過了，奮鬥過了，爭取過了，不管結果如何，已經沒有任何在精神或肉體上再虐待自己的理由，因為已經付出的抗爭與悲傷都無濟於事。既然無濟於事，不如善待自己，過好自己的每一天。

▌備選故事任你挑

人生的得失、悲歡離合等一切都不過是過眼雲煙，該失去的就不必苦苦追求，已擁有的就學會珍惜。得失不過是一種日升月落，雲卷雲舒，花開花謝的自然之意。太在意得失，就會因為失去太陽而哭泣，繼而在哭泣中又失去群星。快樂地看待得失，輕鬆地對待挫折，持一種達觀的態度生活，這才是孩子應具有的理想性格。

生命不能太沉重

從前，在一座山上住著一位無際大師。

一天，一個青年背著一個大包裹找到了他，並對他說：「大師，您知道嗎？我是多麼的孤獨、痛苦和寂寞。為了找到您，我走了很多路，經歷了許多困難，現在我的身心已經疲憊；我的鞋子早已磨破，荊棘又割破了雙腳；手也受傷了，不停地流著血；嗓子因為長時間的呼喊而變得嘶啞起來……我現在感覺到生活是那樣的沉重，您能告訴我這是為什麼嗎？」

大師並不急於回答，而是問他：「你的大包裹裡裝著什麼？」

青年說：「裡面裝的是我每一次寂寞時的煩惱，每一次跌倒時的痛苦，每一次受傷後的哭泣……它們對我非常重要，靠著它，我才能走到您這裡來。」

於是，大師帶青年來到河邊，他們坐船過了河。

上岸後，大師說：「你扛著船趕路吧！」

青年感到非常奇怪，禁不住問道：「什麼，扛著船趕路？您不是在開玩笑吧？它那麼沉，我扛得動嗎？」

大師看了看青年，微微一笑，說：「是的，孩子，你扛不動它。過河時，船是有用的。但過了河，我們就要撇下船繼續趕路，不然的話，它會變成我們的包袱。痛苦，寂寞，災難，眼淚，這些對人生都是有用的，它能使我們了解生命的內涵，但如果老是不能把它忘掉的話，它就會成為人生的包袱。放下它吧！孩子，生命不能太沉重。」

青年放下包袱繼續趕路，他覺得步子比以前輕鬆了許多，並且體驗到從未有過的快樂。原來，生命是可以不必如此沉重的。

天使之所以能夠飛翔，是因為他們有著輕盈的人生態度。生命如舟，載不動太多的物欲和虛榮。要想使之在抵達理想的彼岸前，不在中途擱淺或沉沒，就只能輕載，只取需要的東西，把那些可放下的東西果斷地放掉。而所謂的豁達，常常只不過是明白自己能正確地處理去留和取捨的問題。

一杯水的哲學

有一位老師在課堂上拿起一杯水，然後問學生：「大家認為這杯水有多重？」學生有的說一百克，有的說八百克。

老師則講：「這杯水的重量並不重要，重要的是你能拿多久？」

拿一分鐘，各位一定覺得沒問題；

拿一小時，可能覺得手痠；

拿一天，可能得叫救護車。

其實這杯水的重量是一樣的，但是你若拿得越久，就覺得越沉重。

得失就如同一杯水，拿久了就會成為一種包袱，一種病狀。拿得起放不下，就會作繭自縛，所以無論何時，都要告訴自己，更要告訴孩子，擺正心態，輕鬆地看待得失。

放下就是快樂

有一個富翁什麼都有，唯獨沒有快樂。有一天，他決定去尋找快樂。為此，他背著許多金銀財寶，四處去尋找快樂。

可是富翁走過了千山萬水，也沒有找到他想要的快樂。正當他沮喪地坐在山路旁時，見到一個農夫背著一大捆柴草從山上走下來，富翁忙攔住農夫問：「你知道快樂在哪裡嗎？」

農夫放下沉甸甸的柴草，長噓了一口氣，揩了揩臉上的汗水，笑著回答：「快樂？很簡單，放下就是快樂呀！」

富翁一時沒有反應過來，就坐在山路邊想啊想，想了很久，才開悟：自己在家時這也捨不得，那也放不下，出門後背負那麼重的珠寶，即累又老怕別人暗害，整日憂心忡忡，快樂從何而來？於是富翁將珠寶、錢財接濟窮人，回家後專做善事，慈悲為懷，這樣，他也嘗到了快樂的味道。

　　成天心事重重，陰霾不開，快樂怎會待在這裡？成天小肚雞腸，心胸如豆，無法開豁，快樂又往何處去尋？

　　學習也好生活也罷，都需要適時放下。學會放下，才能卸下前進路上的種種包袱，輕裝上陣，安然地等待生活的轉機，度過風風雨雨；懂得放下，才能擁有一份成熟，才會活得更加充實、坦然和輕鬆。

　　放下是顧全大局的果斷和膽識。人生如戲，每個人都是自己生命中唯一的導演，只有學會放下的人才能澈悟人生，笑看人生，擁有海闊天空的人生境界。

換個角度看問題

　　有位 70 歲的老先生，攜一幅祖傳名畫參加電視臺的鑒寶活動。

　　他對主持人說，父親告訴他，這幅畫可能價值數百萬元，所以他總是戰戰兢兢地收藏著，常常為之感到困擾，但是由於自己不懂藝術，這次有這麼一個好機會，他便拿來請專家作個鑒定。

專家鑒定結果很快就出來了，大家都非常肯定地認為：這幅畫是贗品。

主持人問老先生：「這個鑒定結果，一定會讓您很失落吧？自己小心翼翼守護了大半生的畫竟然是一副贗品？」

老先生釋然地笑了，說：「這樣也好啊！至少以後不會再擔心有人來偷這幅畫了，我就可以放心地把它掛在客廳裡。」

得到是一種自縛，而失去卻換來一種釋然。有個總是考第一名的孩子，在一次考試失利，聽了這個故事後突然釋然：「哈哈，我終於有了一個進步的機會。」他所說的「進步」，是名次上的進步，可以從第五名進步到第四、第三、第二、第一名 —— 這可是他很久沒有的「進步」機會。

得與失總是守恆的

失去常常意味著一種得到。如果你還不相信，那就不妨看看下面這則小故事：

他是一名警察，一個不一般的警察，因為他擁有過人的聽力。

他憑藉竊聽器裡傳來的嘈雜汽車引擎聲，就能判斷犯罪嫌疑人駕駛的是一輛寶獅、本田還是賓士；當嫌疑人打電話時，他能根據不同號碼的按鍵聲音差異，分辨出嫌疑人撥打的電話號碼；在監聽犯罪嫌疑人打電話時，他透過房屋牆壁的回聲，就可以推斷出嫌疑人此時身處機場大廳，還是藏身於喧鬧的餐館，或是在呼嘯的列車上。

由於聽力超群，他可以辨別不同語言發音的細微差異，這讓他成為一個優秀的語言學家和訓練有素的翻譯。他會說 7 國語言，包括俄語和阿拉伯語。他還自學了塞爾維亞語和克羅埃西亞語。可以說，他的腦子就像圖書館一樣彙集了各種口音，正是這種語言能力，使他成為警局中對抗恐怖主義和有組織犯罪的珍貴人才。

　　他當警察的時間不長，但他利用聽力的優勢，竊聽到了大量珍貴線索。很多疑難的大案、要案，都在他的耳邊迎刃而解。他屢立奇功，獲得過各種獎勵和榮譽，於是被稱為警隊裡的「超級英雄」。

　　沒見過他的人，都會羨慕他那神奇的聽力和他得到的那些榮譽。可誰也不會想到，這位超級英雄手裡握著的不是手槍，而是一根盲人手杖，他身邊通常沒有警車而是跟著一隻導盲犬。他叫夏查·范洛，是比利時警察局的一名盲人探員。

　　因為雙目失明，范洛從小時候起，就不得不努力傾聽周圍的一切聲響，來辨別自己到底身處何方，來躲避身邊的危險。因為看不見，從小到大，他在過馬路時經常會撞到別人身上，或被一些車撞倒，這令他總是傷痕累累。他恨上帝的不公平，他變得自閉、自暴自棄。直到 17 歲那年，他因判斷失誤，撞在了一輛響著鈴的自行車上。

騎自行車的人是個與他年齡相仿的女孩，她生氣地朝著戴著墨鏡的他大聲質問：「你為什麼要故意撞倒我，看不見嗎？」他當時身上撞得也很痛，就激憤地說：「是，我是個瞎子，怎麼樣？」

「鈴按得那麼響，不會用耳朵聽嗎？」女孩丟下這一句話，扶起自行車憤怒地離開了。他愣在那裡，回味著那句話，才突然想到了自己的耳朵。

從此，范洛開始鍛鍊自己的聽力，他在各種場合，用各種聲音來訓練自己的聽力，他不知吃過多少苦，流過多少汗，受過多少傷，但他一直沒有放棄。十幾年的艱苦練習，讓他練就了天下無雙的敏銳聽力，直到自己進入警隊，成為比利時警界裡「失明的福爾摩斯」。

范洛從不忌諱別人說自己是個盲人，他常說：「如果我能看到光明，那我現在可能還是一個平庸的人。正因為我看不見，我才會專心努力地去聽，才能聽到別人無法聽到的聲音。」

一個人生命中的得與失總是守恆的，我們在一個地方失去了，就一定會在另一個地方找回來。每個人的機遇都如同兩扇窗子，在不幸關閉一扇窗時，另一扇窗也許正在打開，這時就看我們是對這關上的窗黯然神傷，還是重拾勇氣，去欣賞另一扇窗外的美好世界。

▌給家長的悄悄話

　　如果孩子因為一點挫折就焦慮、悲傷，父母首先需要進行自我反省：對孩子的要求是否合理，是否對孩子有過多的批評和指責。因為孩子焦慮的產生，往往與父母過高的要求密切相關。

　　如果要求過高，孩子很難達到，那就會讓孩子經常有挫敗感。如果挫敗感得不到及時的調整，就會對自己產生懷疑，甚至喪失信心。因此，家長如果要引導孩子學會放鬆，緩解緊張和焦慮，最重要的是不要再給孩子施加過多的壓力。

　　孩子的焦慮也和孩子不正確的認知有密切關係。如孩子有些不合理的思維方式，認為自己考試成績差，是能力的問題；被老師批評了就會認為老師討厭自己；和同學發生一次口角，就擔心以後怎樣天天面對等等。

　　孩子的焦慮往往不是真實困難造成的，而是不合理的認知困擾了孩子。因此，父母要幫助孩子檢測不合理的思維，幫忙孩子澄清認知，進行合理的歸因，教給孩子合理的思維方法，這對預防焦慮的發生很重要。

　　另外，孩子焦慮的原因也和孩子不能正確認識自己密切相關。家長可以引導青少年用平和的心態看待和評價自我。青春期的孩子容易有完美主義的傾向，常常被焦慮症深深地折磨，整日惶惶不安，如他們會對自己的體貌特徵尤其的挑剔，過分在意別人的評價如何等等。

作為家長可以讓孩子明白，每個人都不是完美的，人人都有缺陷，要給自己犯錯誤的機會。這樣孩子的心情就會慢慢放鬆，逐步擺脫莫名其妙的緊張了。另外，父母也要引導孩子不要過多地關注別人的評價，別人的評價僅供參考，不要因為別人的錯誤而讓自己心神不寧。

對於膽小怯懦、優柔寡斷的孩子，家長需要給予更多的鼓勵和肯定，促使孩子勇於去嘗試和冒險，勇於犯錯誤，勇於承擔責任。鼓勵孩子在面對挫折時對自己說：沒關係，我可以克服。

要想防止兒童過度的焦慮，作為父母應盡量給孩子一個寬鬆的家庭環境，多和孩子溝通、交流，走進孩子的心靈世界，去了解和認識自己的孩子。當孩子對某事表現出過於強烈的焦慮和擔憂時，父母要引導孩子說出來，並對孩子的痛苦表示同情，盡量消除孩子的顧慮。

同時，也可以帶孩子到戶外去呼吸一下新鮮空氣，進行戶外活動或體育鍛鍊，體育鍛鍊對消除緊張、疲勞，緩解焦慮是大有幫助的。如果青春期的孩子不願意向父母表露自己的內心想法，作為父母的應該對此表示理解，但可以建議孩子向好朋友訴說，宣洩自己的焦慮感。

每個父母都有望子成龍、望女成鳳的願望，但每個父母最大的願望，卻是希望孩子能夠健康快樂的成長。有個教育家曾經對考砸後鬱鬱寡歡的女兒說：「女兒，將來妳當了博士後是我的女兒，妳掃馬路也是我的女兒。到時候，就讓妳爸爸載著

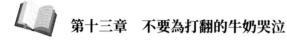

我，把做好的熱菜熱飯送給妳。只要人品好，只要妳能快樂，掃馬路也能掃出一個光明的世界。」

親子加油站：如何讓孩子笑對挫折

　　記得一位哲人說過，一個人對於挫折或不幸的事，真正感到痛苦的時間只能有兩天。第一天是發生事情的當天，由於突如其來的事情，沒有心理準備，一時不能抑制，痛苦不堪是可以理解的；第二天，一覺醒來，痛苦的情緒得到緩解，可以理智地對事情進行冷靜分析，作自我檢討，從客觀、主觀、目標、環境、條件等方面，找出受挫折的原因；第三天，就可以採取有效的補救措施，讓一切從頭再來。如果第三天再痛苦，那就有點鑽牛角尖了。

　　如果三天過後，孩子們還因為遇到的挫折而痛苦，我們就應該考慮該如何去引導孩子儘快從困境中走出來：

1. 遇到挫折後，能否看到希望。孩子在遇到挫折後能否看到希望，決定孩子能否儘快走出困境。所以平時家長們應該強化孩子對於希望的認知，並適當地寄予孩子一些期待，讓孩子在遭遇挫折後，能想到自己還肩負著一種期待。

2. 遇到挫折後，能否開啟智慧。智慧地解決問題是孩子必須去學的，因為很多時候，我們無法幫助孩子去解決他們自身的問題。智慧地解決問題，需要的是孩子全向思維的開啟，所以平時家長們可以適當教孩子一些解決問題的方法和技巧。

3. 遇到挫折後，能否堅定信念。很多孩子在遇到挫折後，要
   麼選擇逃避，要麼用三分鐘熱度去解決，解決不了就選擇
   放棄。這都是因為孩子缺乏堅定的信念所致。所以，平時
   家長們可以給孩子樹立一種沒有把問題解決誓不甘休的堅
   定信念。

第十三章　不要為打翻的牛奶哭泣

第十四章
隨機應變，條條大路通羅馬

　　在中國古代傳說中，有一種叫「泥魚」的動物。每當天旱，池塘裡的水逐漸乾涸時，其他魚類都因失水而喪失生命，泥魚卻依然悠然自得，牠只要找到一塊足以容身的泥灘地，便把整個身體藏進泥中不動。由於牠躲藏在泥中動也不動，處於一種類似休眠的狀態，所以可以待在淤泥中半年甚至一年之久而不死。

　　等到天下了雨，池塘中又積滿了水，泥魚便慢慢從泥中鑽出來，重新活躍在池塘中。其他死去魚類的屍體成了牠最好的食物。這時牠能很快地繁殖，成為池塘中的占有者和統治者。

　　人在逆境之中，要學習泥魚隨外界變化而及時調整自己行為的策略。一個隨機應變的人，才是人生旅途中的真正強者。

▌方法總比問題多

在這個世界上，最容易做的事，大約就是找藉口了。

我身體單薄，所以體育成績不好。

我沒有砸大錢補習，所以考不上好學校。

我智力太普通，所以學習只能將就。

當逆境來臨，所有的問題，只要你願意，都可以毫不費力地找個藉口，輕描淡寫地把它「解決」掉。然後就可以心安理得地安於現狀，為自己解脫。就像狐狸吃不著葡萄，牠就找出一個美麗的藉口 —— 葡萄是酸的，非常輕易地把問題給「解決」了。然而，藉口好找，存在的問題卻始終還在。

你的孩子，是否也是「一隻找藉口的狐狸」？如果是，那你一定要告訴他：方法總比問題多。因此，當逆境迎面而來時，應該努力地尋找方法，而不是尋找藉口。下面這個故事你可以和孩子一起分享：

當諾貝爾（Alfred Bernhard Nobel）研究出威力強大的硝化甘油新型炸藥時，有人認為他是在為戰爭販子提供殺人利器，因此，他的工廠門前經常有人舉著牌子抗議和示威。

然而，更麻煩的事情是當時落後的生產工藝。在火藥生產過程中，諾貝爾工廠發生過多次爆炸事件，一些人死於非命，其中包括諾貝爾的弟弟。諾貝爾本人也負傷累累。市民們當然不能容忍一個巨大的、危險的炸藥桶安放在他們中間，於是紛

紛向市政府請願，要求關閉諾貝爾的工廠。市政府順從民意，強令諾貝爾的工廠遷出城外。

無奈之下，諾貝爾決定將工廠整體搬遷。但是，搬到哪裡去呢？這座城市周圍是大片水域，陸地面積又很小，任何一個居民也不會接受一座會爆炸的工廠。看來只有遷往人煙稀少的偏遠山區才不會有人反對，但昂貴的運輸費用卻使諾貝爾難以承受。以當時的技術條件，也很難保證在長途搬運過程中不會發生爆炸事故。

怎麼辦？諾貝爾遇到一個非常棘手的難題。

有人勸諾貝爾乾脆別做了。世上值得做的事業很多，何必一定要做這種吃力不討好的買賣？但諾貝爾卻不是一個輕言放棄的人，無論付出多大代價，也要將自己鍾愛的事業進行到底。

他想，工廠搬遷需要滿足人煙稀少、費用節省、運輸安全三個條件，而這三個條件卻相互矛盾。他冥思苦想，終於想到一個主意：將工廠建在城外的水面上。在那個年代，這的確是個異想天開的構想，卻是能同時滿足上述三個條件的唯一辦法。

以當時的技術條件，在水面建廠的難度太大。諾貝爾的做法是：以一艘駁船做平臺，將工廠比較不安全的部分生產作業間、火藥倉庫建在上面，用長長的鐵鍊繫在岸上，再將工廠其餘部分建在岸上。一道大難題就這樣解決了。

當逆境來臨，當我們感到迷惘的時候，當我們猶豫不決的時候，我們是否這樣想想：這一事物的正面是這樣，假如反過

來又將怎樣呢？正面攻不上，可否側面攻、後面攻？

世上只有難辦的事，卻沒有不可能的事。在問題面前，我們不要總是想找藉口，應該積極地想辦法。只要將思考的方向朝解決問題的正面挺進，或許一盤死棋也會活起來。

小竅門：家長要重視開發孩子的右腦

現代生理科學研究顯示：人的左腦主要控制邏輯思維，右腦主管創意、藝術、音樂、空間感及抽象事物等。這個學說已流行到世界各地，差不多算是不爭的事實。那麼，創新思維是屬於左腦或是右腦的功能呢？答案應該是盡用兩面腦。

但是由於現在學校與家長對於「分數」的看重，更強調孩子死記硬背，使偏於邏輯思維的左腦比較「忙碌」，導致一些孩子因左右腦功能不均衡，出現學習障礙。這樣下去，孩子將會變成只會使用左腦思維的「左腦人」，成為不善於創造、不善於創新的「機械人」。

左腦是負責知識的，右腦則是負責智慧的。近年來，隨著資訊技術的發展，電腦與網路正逐漸取代人類左腦知識儲存、數位計算和邏輯思維的功能。慣用左腦對於人類來說，沒有任何優勢可言；唯有啟動人的右腦，讓右腦的創造型思維發揮效用，才能保證一個人在未來社會的競爭中占有一席之地。所以，啟動孩子的右腦勢在必行。

▎講個「保衛馬鈴薯」的故事

馬鈴薯，是一種常見的蔬菜，可清炒可涼拌可燉肉，還可以做成美味的小吃 —— 如炸薯條。可是，你知道嗎？這種貌不出眾的大眾蔬菜，曾經還享受過一段被武裝保衛的殊榮呢？

問問你的孩子，他想知道其中的來龍去脈嗎？想知道的話，就將下面的故事告訴他：

馬鈴薯本來產自南美洲，產量相當高，可以當糧食吃，也可以當蔬菜食用，還可以用來作釀酒的原料。但是，由於習慣和偏見，在從美洲向法國引進馬鈴薯時，卻遭到了人們頑強的抵制，因為人們不願意種這種從來沒有種過的作物。

農民說，這是一種魔鬼的蘋果；醫生說，這種東西吃了會損害身體；土壤學家則說，種了這種奇怪的植物，土壤的肥沃度會下降。由於不了解它，人們產生了一種莫名的恐懼和擔憂。

法國一個名叫巴蒙蒂埃的學者知道這種作物的價值，認為在法國栽種這種作物，將給農民帶來良好的收益。如果法國農民栽種這種作物，糧食的產量會提高，人們的餐桌上就會又多了一種食物。由於它易種易收，對於一些貧困的人來說，它將是一種救命的作物。可是農民因為對馬鈴薯感到陌生，根本不敢種也不想種。雖然他奔走宣傳，但是沒有多少人聽得進，馬鈴薯在法國依然得不到推廣。

宣傳的道路走不通，巴蒙蒂埃想出了一個辦法。他向國王

做了宣傳，國王也半信半疑。為了使國王相信馬鈴薯無毒有益，他在國王面前吃起了馬鈴薯，以此證明這是一種可以食用的食物。這樣，國王對這種作物產生了興趣。

他向國王說，這是一種十分珍貴的作物，為了防止人們偷竊這種果實，要求國王派出全副武裝的士兵幫助他守衛自己的馬鈴薯園地，千萬不能讓人們獲得這種珍貴的果實和種子，任何人休想輕易得到這種遠渡重洋而來的美好果實。

巴蒙蒂埃圍了一塊園地，在周圍打上了籬笆。他在園地裡精耕細作，種上了馬鈴薯。園子的大門口有全副武裝的皇家士兵守衛著，防止人們摘取它的一枝一葉。

全副武裝的士兵引起了農民們的好奇，他們都來偷偷地觀看這種奇怪的作物，心想，這一定是那種很珍貴的東西了。當然！不珍貴為什麼要派皇家的士兵來守衛呢？他們饒有興趣地觀看巴蒙蒂埃怎樣耕種，怎樣除草，怎樣施肥，無形之中把耕種這種新作物的技術也全都學會了。農民們不知道，巴蒙蒂埃正是用這樣一種特殊的方式在傳授著馬鈴薯栽種的技術。

白天圍觀的農民，趁晚上士兵們休息之際，三五成群地前來偷偷地挖走塊根，把馬鈴薯栽種到自己的田裡。一時，有的暗偷，有的明搶，人們紛紛栽種這種作物。

一傳十，十傳百，不到幾年工夫，馬鈴薯傳遍了整個法國，成為法國人餐桌上最常見的一種蔬菜。

人類有一種根深蒂固的心理沉積：越是不容易得到的東西越是想得到，越是不能知道的東西越是想知道，越是不易看到的東西越是想看到，越是禁果還越是想吃。巴蒙蒂埃正是利用人們這種想偷嘗禁果的心理，巧妙地在法國推廣了馬鈴薯。

在正常情況下，透過宣傳馬鈴薯的優點來推廣它，這是一種有效的辦法，這是一種常規的思路。但是，這種常規方法在有些特定條件下不適用。巴蒙蒂埃沒有固守於一種辦法，他另闢蹊徑，運用心理學方法，利用人的好奇心理，使這種作物得以迅速地傳播。

當某種道路走不通時，及時地改變思維方向是一種聰明的選擇，它是思維靈活性的反映。特殊情況下要採用特殊的方法。傳播馬鈴薯的創新就在於它一點也不落俗套，既出人意料又在意料之中。

▌備選故事任你挑

下面將提供更多的備選故事，方便讀者在各種情境下對孩子運用故事教育法。需要提醒讀者的是：我們不是為講故事而講故事。因此，在講述完這些故事後，一定要記得運用孩子能接受的方式進行故事解讀。

這種解讀不必滔滔不絕，不可高高在上，也不要搞成獨角戲 —— 你可以與孩子一起來交流各自的感悟。

腦筋一轉彎逆境就走開

世事難料，命運老人的出牌經常會出乎我們的意料。當厄運降臨時，不要驚慌失措，不要怨天尤人。轉動你的腦筋，另闢蹊徑或許是你厄運突圍的絕佳方法。

從前，有位商人和他長大成人的兒子一起出海遠行。他們隨身帶上了滿滿一箱子珠寶，準備在旅途中賣掉，他們沒有向任何人透露過這個祕密。一天，商人偶然聽到了水手們在交頭接耳，原來，他們已經發現了他的珠寶，並且正在策劃著謀害他們父子倆，以掠奪這些珠寶。

商人聽了之後嚇得要命，他在自己的小屋內踱來踱去，試圖想出擺脫困境的辦法。兒子問他出了什麼事情，父親於是把聽到的全告訴了他。

「跟他們拚了吧！」年輕人斷然道。

「不。」父親回答說，「他們會制伏我們的！」

「那把珠寶交給他們？」

「也不行，他們還會殺人滅口的。」

過了一會兒，商人怒氣衝衝地上了甲板，「你這個笨蛋！」他朝兒子喊道，「你從來不聽我的忠告！」

「老頭子！」兒子也同樣大聲地說，「你說不出一句讓我覺得中聽的話！」

當父子倆開始互相謾罵的時候，水手們好奇地聚集到周圍，

看著商人衝向他的小屋，拖出了他的珠寶箱。「忘恩負義的傢伙！」商人尖叫道，「我寧肯死於貧困也不會讓你繼承我的財富！」說完這些話，他打開了珠寶箱，水手們看到這麼多的珠寶時都倒吸了口涼氣。然後商人又衝向了欄杆，在別人阻攔他之前，將他的寶物全都投入了大海。

又過了一會兒，父與子都目不轉睛地注視著那只空箱子，然後兩人躺倒在一起，為他們所做的事哭泣不止。後來，當他們單獨待在船艙裡時，父親說：「我們只能這樣做，孩子，再沒有其他的辦法可以救我們的命了！」

「是的。」兒子答道，「您這個方法是最好的了。」

輪船駛進了碼頭後，商人和他的兒子匆匆忙忙地趕到城市的地方法官那裡，他們指控水手們的海盜行為和犯了企圖謀殺罪，法官派人逮捕了那些水手。法官問水手們是否看到老人把他的珠寶投入了大海，水手們都一致說看到過。法官於是判決他們都有罪。

法官問道：「什麼人會棄掉他一生的積蓄而不顧呢？只有當他面臨生命危險時才會這樣去做吧？」水手們聽了羞愧得表示願意賠償商人的珠寶，法官因此饒了他們的性命。

故事中這個久經商場磨練的商人，見識確實高人一籌，而這種絕處求生的應變智慧，使他和兒子既保住了命，又使錢財失而復得。

「山重水複疑無路，柳暗花明又一村」。人生在世，人有逆天之處，但天無絕人之路。生活中，不管我們遇到什麼樣的艱難險阻，也不要輕言放棄。命運總會在我們最絕望時，給我們留下一線生機，只要我們善於抓住這些轉瞬即逝的機遇，就能轉危為安，重新揚起希望的風帆。

山不過來，我就過去

一位大師帶領幾位徒弟參禪悟道。

徒弟說：「師父，我們聽說您會很多法術，能不能讓我們見識一下。」

師父說：「好吧！我就給你們露一手『移山大法』，我把對面那座山移過來。」說著，師父開始打坐。

一個時辰過去了，對面的山仍在對面。徒弟們說：「師父，山怎麼不過來呀？」

師父不慌不忙地說：「既然山不過來，那麼我就過去。」說著站起來，走到對面的山上。

又一日，大師帶著徒弟外出，被一條河擋住了去路。

師父問：「這河上沒有橋，我們怎麼過去呢？」

有弟子說：「我們蹚水而過。」師父搖頭。

有弟子說：「我們回去吧！」師父仍搖頭。

眾弟子不解，請教大師。

大師說：「蹚水而過，衣衫必溼，水深則有性命之憂，不足

取；轉身而回，雖能保平安，但目的未達，也不足取。最好的辦法是順著河邊走，總會找到小橋的。」

「山不過來，我就過去」和「沒有橋就順著河走」揭示了同一個道理：做一件事情，當我們用一種方法難以奏效時，不妨換一種思維方式，換一種角度。

正如在大海上行船一樣，也許我們無法改變風的方向，但我們可以改變帆的方向。一意孤行是成功的大敵，靈活多變才是通往成功的捷徑。

學會繞道而行

魯迅曾說過：「其實地上本沒有路，只是走的人多了，也就成了路。」而世間之路又有千千萬萬，綜而觀之不外乎兩類：直路和彎路。

毫無疑問，人們都願走直路，沐浴著和煦的微風，踏著輕快的步伐，踩著平坦的路面，這無疑是一種享受。相反，沒有人樂意去走彎路，在一般人眼裡彎路曲折艱險又浪費時間。然而，人生的旅程中是彎路居多，山路彎彎，水路彎彎，人生之路亦彎彎，所以喜歡走直路的人要學會繞道而行。

學會繞道而行，迂迴前進，適用於生活中的許多領域。如果孩子的思路被堵塞，不妨建議他換個角度去思索，換種方法去做，也許會「山重水複疑無路，柳暗花又一村」。

在一次歐洲籃球錦標賽上，保加利亞隊與捷克斯洛伐克隊

相遇。當比賽只剩下 8 秒鐘時，保加利亞隊僅以 2 分優勢領先，按一般比賽規則說來已穩操勝券，但是，那次錦標賽採用的是迴圈制，保加利亞隊必須贏球超過 5 分才能取勝。可是要用僅剩的 8 秒鐘再贏 3 分絕非易事。

這時，保加利亞隊的教練突然請求暫停。當時許多人認為保加利亞隊大勢已去，被淘汰是不可避免的，該隊教練即使有回天之力，也很難力挽狂瀾。然而等到暫停結束比賽繼續進行時，球場上出現了一件令眾人意想不到的事情：只見保加利亞隊拿球的隊員突然運球向自家籃下跑去，並迅速起跳投籃，球應聲入網。

這時，全場觀眾目瞪口呆，而比賽結束的時間到了。但是，當裁判宣布雙方打成平手需要加時賽時，大家才恍然大悟，保加利亞隊這一出人意料之舉，為自己創造了一次起死回生的機會。加時賽的結果是保加利亞隊贏了 6 分，如願以償地出線了。

如果保加利亞隊堅持以常規打完全場比賽，是絕對無法獲得真正的勝利的，而往自家籃下投球這一招，頗有迂迴前進之妙。在一般情況下，按常規辦事並沒錯，只不過當常規已不適應變化的新情況時，就應解放思想，打破常規，善於創新，另闢蹊徑。只有這樣，才可能化腐朽為神奇，在似乎絕望的困境中尋找到希望，創造出新的生機，取得出人意料的勝利。

　　在逆境當中一定要有迂迴前進的概念，凡事不妨換個角度和思路多想想。世上沒有絕對的直路，也沒有絕對的彎路，關鍵是看你怎麼走，怎麼把彎路走得比直路還省事省力。有了繞道而行的技巧和本領，彎路也成了直路了。

把誰扔下熱氣球

　　英國某家報紙曾舉辦一項高額獎金的有獎徵答活動。題目是：在一個充氣不足的熱氣球上，載著三位關係世界興亡命運的科學家。

　　第一位是環保專家，他的研究可拯救無數人免於因環境汙染而面臨死亡的噩運。

　　第二位是核子物理專家，他有能力防止全球性的核戰爭爆發，使地球免遭受滅亡。

　　第三位是農業專家，他能在不毛之地，運用專業知識成功種植糧食，使幾千萬人脫離因饑荒而亡的命運。

　　此刻熱氣球即將墜毀，必須丟出一個人以減輕載重，使其餘的兩人存活，請問該丟掉哪位科學家？

　　問題刊出之後，因為獎金的數額相當龐大，各地答覆的信件如雪片般飛來。在這些答覆的信中，每個人都竭其所能，甚至天馬行空地闡述他們必須丟掉哪位科學家的宏觀見解。

　　最後的結果揭曉後，巨額獎金的得主是一個小男孩。

　　他的答案很簡單 —— 將最胖的那位科學家丟出去。

在公布答案前，你不妨先問問你的孩子：他比較想將哪位科學家丟出去？

故事中的小男孩睿智而幽默的答案，是否也同時提醒了許多自以為聰明的大人們：最單純的思考方式，往往會比複雜地去鑽牛角尖更能獲得成效。

老鼠給貓戴鈴鐺

很多時候，阻礙我們腳步前行的不是沒有想法和創意，而是來自於傳統觀念的桎梏、別人的質疑以及自我的否定。

一群老鼠因深受貓的襲擾，感到十分苦惱。於是，牠們聚在一起開會，商量用什麼辦法對付貓的騷擾，以求平安。

會上，老鼠們各有各的主張，但都被否決了。最後一隻小老鼠站起來提議，說在貓的脖子上掛個鈴鐺，只要聽到鈴鐺一響，我們就知道貓來了，便可馬上逃跑。大家對牠的建議報以熱烈的掌聲，並一致通過。

有一隻年長的老鼠坐在一旁，始終一聲沒吭。這時，牠站起來說：「小老鼠想出的這個辦法的確絕妙，也十分穩妥；但還有一個小問題需要解決，那就是：派誰去把鈴鐺掛在貓的脖子上呢？」

年長老鼠的問題一下子把大家難住了。老鼠們於是紛紛列舉了小老鼠的提議不能實行的理由，不過小老鼠還是勇敢地站起來說：「為什麼我們不找能實行的方法呢？」

眾老鼠靜了下來，冥思苦想之後，竟真的想出了一些可以實行的方法：

「我們可以偷一塊臘肉和一片安眠藥，將安眠藥塞進臘肉中，趁貓外出時將臘肉放在貓窩裡。只要貓吃了有安眠藥的臘肉，我們就可以把鈴鐺掛在貓的脖子上。」

「告訴貓，牠若戴上鈴鐺會很帥。」

最後，老鼠們透過討論，一致同意讓貓吃安眠藥的方案。牠們想到、做到並且成功了。

你可以透過上面這個故事告訴孩子：如果我們把焦點放在「如何去做」，而不是想著「這是辦不到的」，那麼，就沒有什麼事情難得倒我們。

受困的卡車

一個一等兵開著一輛帶帆布頂篷的卡車，在行軍時不慎受困於一個深深的泥坑。

正在一等兵左衝右突都無法脫離泥坑時，一隊轎車從右邊駛過。看到這輛陷入困境的卡車，車隊立即停下來，一位身著紅色佩帶的將軍從 8 輛汽車的頭一輛中走了出來，讓一等兵過去。

「遇到麻煩了？」

「是的，將軍先生。」

「車陷住了？」

「陷在泥坑裡，將軍先生。」

這位將軍仔細地觀察了一下，這時，他想起新頒發的一項要求加強官兵之間戰友情的命令，於是，他決定身體力行地給大家做個榜樣。

「注意了！」他拍拍手用命令的口氣高聲叫喊著，「全體下車！軍官先生們過來！我們讓一等兵先生的卡車重新跑起來！幹活吧！先生們！」

從 8 輛汽車裡鑽出整整一個司令部的上校、少校，一個個穿著筆挺整潔的軍服。他們和將軍一起埋頭猛幹起來。這輛卡車裝載很重，一群軍官又推又拉，又扛又抬。就這樣忙了十多分鐘，卡車才從泥坑中爬了出來，歡快的輪子還打了大家一臉的泥水。

我們可以想像當這些軍官穿著滿是泥汙的軍服鑽進汽車時，他們的樣子是何等的狼狽！而他們在心裡又是怎樣詛咒這道命令。將軍最後一個上車，在上車之前他洋洋自得地走到一等兵面前。

「對我們還滿意嗎？」

「是的，將軍先生！」

「讓我看看，您在車上究竟裝了些什麼？」

將軍拉開篷布，驚訝地看到，在車廂裡坐著整整 18 個年輕健壯的一等兵。

面臨問題時，很多孩子（也包括大人）喜歡跟著感覺走，並不願花精力去了解更多與之相關的事實，結果不是花了大力氣辦了小事情，就是把事情越弄越糟。

要想解決問題，先得找到問題的真正核心，收集相關的資料和資訊，然後進行深入的研討和比較。應該有科學家進行研究那樣審慎的態度，解決問題必須採用科學的方法，做判斷或做決定都必須以事實為基礎，同時，從各個角度來分析辨明事理也是必不可少的。

石頭湯

石頭也可以做湯？沒搞錯吧？

是的，一個身無分文的飢餓旅行者，真的就做了一鍋石頭湯，而且是一鍋非常鮮香美味的石頭湯！

有一個旅行者經過長途跋涉之後，囊中已經空空如也，可他的肚子開始咕嚕嚕直叫。怎麼辦呢？旅行者借來一口鐵鍋，放進一塊洗乾淨的石頭，加了一些清水，並用柴火燒了起來。

「我要熬一鍋美味的石頭湯。」他對周圍好奇的人們說。

石頭湯？圍觀的人們好奇的心被撩撥得癢癢的。

「讓我嘗一點，好嗎？」有人請求。

旅行者回答說：「當然可以，不過天下沒有免費的午餐，你需要提供一點東西放在湯中作為股份；這樣，等湯熬好了之後，你才有權品嚐。」

那人聽了覺得有道理，便拿來肉，供旅行者放入湯中。

圍觀的人見狀，紛紛回家取來魚、蛋、辣椒等東西「入股」。

很快地，旅行者熬的石頭湯終於變得越來越香醇。

最後，旅行者不僅喝到了美味的石頭湯，還得到了其他人的盛讚與感謝。

俗話說，巧婦難做無米之炊，但在聰明人眼裡，有了石頭之後，一切就不同了。用石頭熬湯，熬的是智慧，熬的是創意！

不過，值得各位家長注意引導孩子的是：熬「石頭湯」應該建立在一種雙贏的基礎上，不擇手段的空手套白狼，就算得到空前的利益，也最終逃脫不了失敗的宿命。這樣的反面例子也很多。

▋ 給家長的悄悄話

有這樣一個故事：

一天，一位母親因為孩子把她剛買回家的一塊金錶弄壞了，就狠狠地揍了孩子一頓，並把這件事情告訴孩子的老師。

不料，老師卻幽默地說：「恐怕一個中國的『愛迪生』被妳扼殺了。」

這個母親不解其意，老師分析說：「孩子的這種行為是創造

力的一種表現，妳不該打孩子，要解放孩子的雙手，讓他從小就有動手的機會。妳可以和孩子一起把金錶送到鐘錶鋪，讓孩子站在一旁看修錶匠如何修理。這樣，修理費就成了學費，孩子的好奇心也可以得到滿足，說不定他還可以學會修理呢！」

這個故事發生在半個世紀前。故事中的那位老師就是中國著名的教育家陶行知。陶行知明白無誤地告訴家長，維護孩子的創新能力比一塊金錶要重要得多。遺憾的是，現實生活中，像孩子母親那樣的家長很多，有陶先生這種想法的家長卻很少，以至於限制了孩子創新能力的進一步發展，讓孩子逐漸變得平庸。

生活中，孩子創新的例子並不鮮見，比如，大人習慣性地把用舊的毛巾當抹布用，而孩子還懂得用舊毛巾做一些小人、小玩具，或者做黏貼畫；大人習慣把吃完點心的盒子扔掉或者是用來裝小雜物，但孩子懂得，這些盒子還能做成小汽車、做成「樓房」……可以說，每個孩子天生就是「創造大師」。

當然，因個性不同，每個孩子從小展現出的創新天賦也不盡相同。但他們都有一些共同特點，如愛幻想、愛動，而且，他們沒有成人的條條框框束縛，勇於將大膽的想法付諸實施。在這些幻想中，蘊含著大量創新的火花，卻經常被家長忽視了。

從現在起，請多多留心、鼓勵與讚賞孩子的創新。具體措施有以下幾種：

多問一個為什麼

　　多問一個為什麼？為什麼會讓孩子去思考，智慧就是從思考中走來。下面就是一個為什麼的故事，他解決了一個令人頭疼的問題。

　　華盛頓特區的傑弗遜紀念堂年久日深，建築物表面斑駁陸離，後來竟然出現裂痕。雖然政府採取很多措施，卻仍無法遏制。

　　後來專家調查發現：沖刷牆壁所含的清潔劑對建築物有酸蝕作用，而該紀念堂牆壁每日被沖洗的次數，大大多於其他建築，受酸蝕損害嚴重。

　　但是，為什麼要每天沖洗呢？因為紀念堂每天被大量鳥糞弄髒。

　　為什麼這紀念堂有那麼多鳥糞？因為周圍聚集特別多的燕子。

　　為什麼燕子要聚在那裡？因為紀念堂上有很多燕子愛吃的蜘蛛。

　　為什麼這裡的蜘蛛多？因為這裡有很多蜘蛛愛吃的飛蟲。

　　為什麼這裡飛蟲多？因為飛蟲在這裡繁殖得特別快。

　　為什麼？因為這裡的塵埃最適宜飛蟲繁殖。

　　為什麼？塵埃本無特別，只是配合了從窗子照射進來的過於充足的陽光，形成了特別適宜飛蟲繁殖的溫床。大量飛蟲聚集在此，以超常的速度繁殖，於是給蜘蛛提供了大量的美餐，

於是燕子飛來了……

解決問題的方法非常簡單：拉上窗簾，擋住過分充足的陽光。

答案是問出來的，其實每個問題都很簡單，只要孩子學會不斷去問，就能找出最終的原因，這就是智慧。

把握住每一次機遇，哪怕是萬分之一的機遇

告訴孩子，不要放走你腦海中的每一次靈感，哪怕是虛無縹緲的東西，握緊你手中的機遇，哪怕是萬分之一的機會。

耶誕節前夕，甘布士欲前往紐約。妻子在為他訂票時，發現車票早已經售光。

售票員說，只有萬分之一的機會可能會有人臨時退票。甘布士聽到這一情況，馬上開始收拾出差用的行李。

妻子不解地問：「既然已沒有車票了，你還收拾行李幹什麼？」

他說：「我去碰一碰運氣，如果沒有人退票，就等於我拎著行李去車站散步而已。」

等到開車前三分鐘，終於有一位女士因孩子生病退票，他登上了去紐約的火車。到紐約後他給太太打了個電話，他說：「我會成功，是因為我抓住了萬分之一的機會，因為我凡事從好處著想。別人以為我是傻瓜，其實這正是我與別人不同的地方。」

提著行李去散步，抓住萬分之一的機會。多麼積極的心態，多麼平和的心態，從不抱怨命運，總是找快樂、找希望、找機會，因為這種品格，甘布士成為美國百貨業的鉅子。

靈感、智慧、機遇出現的概率都只有萬分之一，只有樂觀的心態才能握緊每一次機遇，只有握緊每一次機遇才能突破困境。

把問題倒過來想想

遇到挫折、困難的時候，不妨教孩子把問題倒過來想想，有時候，倒過來看問題就會迎刃而解。

美國有一家大百貨公司門口的看板上寫著：無貨不備，如有缺貨，願罰十萬。

某日，有一名法國人想獲得這十萬元，於是他繞店一周，細細觀看一番後，來見經理。開口說：「潛水艇！在什麼地方？」經理領他到第十八層樓，當真有一艘潛水艇。

法國人又說：「我還要看看飛船。」經理又領他到第二十二層樓，果然有一架新式飛船。

法國人不肯甘休，又問道：「可有肚臍眼生在頭上面的女子？」經理一下被難住，正無言以對之際，旁邊的一位女店員應道：「我做個倒立給客人看看。」後來這位女店員便升為了副總經理。

沒有解不開的問題，只有迸發不出的智慧，有時候，把問題倒過來想想，問題就迎刃而解了。

親子加油站：保護好孩子的質疑精神

不少孩子一開始都喜歡追根究柢、質疑這質疑那，但那些「弱智」的問題與質疑，往往會得到家長的打擊與壓制。殊不知，「真理誕生於一百個問號之後。」

能不能從大人們司空見慣的現象中發現問題、捕捉疑點，有沒有勇於從權威下過的「結論」、作出的「論斷」等所謂的「終極真理」面前作出質疑。這些，都是開發孩子創造性思維的重要手段。

疑處有奇蹟，疑處出真知，疑處有突破。勇於質疑，能使大腦處於一種探索求知的主動進取狀態，使大腦的創新思維處於朝氣蓬勃的旺盛活力狀態。

第十四章　隨機應變，條條大路通羅馬

第十五章
從小培養孩子的抗挫折能力

抗挫折能力是指我們每個人對挫折的心理承受能力。很多家長會發現，現在的孩子經受挫折的能力並不強。任何時候都不能輸，只要輸了就會發脾氣，要不就是哭鬧，更不能指出他的缺點⋯⋯凡此種種，讓很多的爸爸媽媽傷透了腦筋：這樣的孩子，長大後出社會該怎麼辦呀？

哭鬧、發脾氣之類的情緒，不僅解決不了問題，還極可能製造新的問題。從小對孩子進行抗挫折教育，讓孩子在經受挫折和解決困難中提高抗挫折能力，是當今年輕家長在教子中的一項重要工作。

▌有一種愛叫做傷害

　　曾在一本書中讀過一個故事：天鵝湖中有一座小島，島上住著一位老漁翁和他的妻子。平時，漁翁搖船捕魚，妻子則在島上養雞餵鴨，除了買些油鹽，他們很少與外界往來。

　　有一年秋天，一群天鵝來到島上，牠們是從遙遠的北方飛來，準備去南方過冬的。老夫婦見到這群天外來客非常高興，因為他們在這裡住了那麼多年，還沒誰來拜訪過。漁翁夫婦為了表達他們的喜悅，拿出餵雞的飼料和打來的小魚招待天鵝，於是這群天鵝對這對夫婦有了好感。

　　慢慢的，天鵝們不僅敢在島上大搖大擺地走來走去，而且在老漁翁捕魚時，牠們還隨船而行，嬉戲左右。冬天來了，這群天鵝竟然沒有繼續南飛，牠們白天在湖上覓食，晚上在小島上棲息。湖面封凍，牠們無法獲得食物，老夫婦就敞開他們的茅屋讓牠們進屋取暖，並且給牠們餵食。

　　這種關懷一直延續到春天來臨，湖面解凍。日復一日，年復一年，每年冬天，這對老夫婦都這樣奉獻著他們的愛心。有一年，他們老了，離開了小島，天鵝也從此消失了，不過牠們不是飛向南方，而是在第二年湖面封凍期間餓死的。

　　看到這個「殘忍」的愛心故事，不禁讓人想起那些經常見諸媒體的某些學生因承受不住一點點打擊就自殺的慘劇。現在年輕一代的父母，孩子大部分都生的少，因此對子女的愛護有

加是有目共睹的，但恰恰是一些充斥於無知家庭的盲目的愛，導致了孩子沒有隨著年齡增長而增加抗挫折能力。

有一種疼愛叫傷害。反之，有一種狠心叫愛護。相比而言，國外的家長更懂得用「狠心」來愛護自己的孩子。例如日本的孩子從上學第一天起，不管家離學校有多遠，都是自己走著去。路上有什麼困難，也是自己想辦法解決。

而且日本家長從孩子小時候就培養他們耐寒抗凍。孩子上學時只穿單衫短褲；即使寒風刺骨，女孩依然穿短裙和白襪。當寒冬來的時候，小學開始為期一個月的晨跑，要求每一個學生只穿單衫短褲在操場上跑。

瑞士有些父母，喜歡將國中剛畢業的女兒，送到別人家去當一年女傭人，上午工作，下午上學。美國的家長不管家裡多富有，男孩子12歲以後就會去給鄰居家或自己的父母家裡剪草、送報賺些零用錢，女孩子則做小保姆去賺錢。

德國的法律規定，孩子到14歲就要在家裡承擔一些義務，比如要替全家人擦皮鞋等。加拿大不少小學生每天早上要去給各家各戶送報紙，風雨無阻；為了上學不遲到，他們需要很早就起床。

現在開始，請經常反思一下：自己對孩子的愛是傷害嗎？如果回答是肯定的，請狠下心來，做一個即使「心疼地流下淚來，但決不會衝上前去幫孩子一把」的智慧家長。

小竅門：隔代教養如何做到「三贏」

隔代教養優勢很多，但劣勢也是不少。比如，祖輩的價值觀念、生活方式、知識結構、教育方式等跟不上時代。此外，隔代教養很容易使祖輩和父輩因教育觀念分歧而產生家庭矛盾，結果是祖輩生氣、父輩著急，孩子則不知該聽誰的。作為孩子的父母，該怎麼辦呢？

1. 配合、協助老人養育孩子。父母應盡量多擔負起教育孩子的責任，絕不可將孩子完全丟給老人。即使兩地相隔較遠，父母也要盡量在週末或者假期將孩子接到自己身邊。如果父母平時不易和孩子見面，那麼應該和孩子多打電話交流。總之，父母應該盡可能地抽出更多的時間與孩子一起遊戲、閱讀、活動、交流，讓孩子感受到來自父母的關愛；

2. 和老人多溝通。如果老人擺長輩架子，不虛心接受意見，孩子父母應採取一些婉轉迂迴的辦法，不妨可以用行為表明態度。孩子父母平常要多買一些關於家教方面的書籍、雜誌，讓老人閱讀、學習、借鑑，要抽時間告訴老人一些教育專家的觀點和方法。吃飯或是聊天時，可以舉一些報刊上的例子，談一些別人的經驗、教訓。總之，孩子父母要設身處地和老人多討論有關教育孩子的方法，時間長了他們就會漸漸轉變觀念。

▌從「羚羊與狼」談起

在非洲大草原的橘河兩岸，生活著許多羚羊。動物學家們發現了一個奇怪的現象：東岸的羚羊不僅奔跑速度比西岸的羚羊快，而且繁殖能力也比西岸的羚羊強。

為了研究兩岸羚羊的不同之處，動物學家們在兩岸各捕捉了 10 隻羚羊，然後把牠們分別送到對岸。

一年後，由東岸送到西岸的羚羊繁殖了 14 隻，而由西岸送到東岸的羚羊則只剩下 3 隻。這是什麼原因呢？動物學家們百思不得其解，明明這些羚羊的生存環境是相同的⋯⋯

後來，動物學家們終於找到了原因。

原來，東岸不僅生活著羚羊，在其附近還生活著一群狼，為了不被狼吃掉，羚羊不得不每天練習奔跑，使自己強健起來；而西岸的羚羊因為沒有狼群的威脅，過著安逸的生活，結果奔跑能力不斷降低，體質也不斷下降了。

可以利用這個故事告訴孩子：生活在安逸環境中的人往往過於脆弱，只有不斷經受困難和挫折的人，才具有堅強的意志和強大的生存能力。

遭遇挫折是人生必經的障礙。世上的事情往往是這樣的：未有成果，先嘗苦果；壯志未酬，先遭失敗。現在的家長，不論是六年級生還是七年級生，都應該還記得患有小兒麻痺的歌手鄭智化吧？鄭智化有一首很勵志的流行歌曲 ——《水手》，

一度紅遍了各地，相信家長們都會唱。來吧，教那個被挫折搞得精神萎靡的孩子唱這首歌：

> 永遠在內心的最深處聽見水手說，
> 他說風雨中這點痛算什麼，
> 擦乾淚，不要怕，至少我們還有夢！
> 他說風雨中這點痛算什麼，
> 擦乾淚，不要問為什麼！

備選故事任你挑

艾科卡的跌倒

　　在美國他無人不知，無人不曉。不是因為他曾經是福特的「野馬之父」，而是因為他作為一個曾經把全部心血，用在為福特公司繁榮發展的事業裡，當了 8 年福特公司的總裁和 23 年職員、創造了億萬美元財富的「管理人才」，卻意外地被董事會主席亨利‧福特（Henry Ford）革了職。

　　這連他自己都不敢相信，自己會被炒掉 —— 亨利‧福特就是透過電話告訴他：「你被辭退了。」但是他後來卻從這樣的人生挫折中，創造出了另一個奇蹟。

　　進福特公司三十多年，他一直都是一帆風順，從來沒有在別的地方工作過，突然間失業了，他幾乎無法承受住這個打擊。回到家裡，拿妻子女兒出氣，買醉街頭，借酒澆愁。

　　後來他在放縱幾週後發現，自己必須要堅強起來，一定不

能就這樣倒下了。所以他鼓起勇氣應邀接管了瀕臨破產的克萊斯勒汽車公司。在接管後他才發現，事情並沒有自己想像得那麼容易，克萊斯勒的每一個環節都出現了問題。但是，他這時堅強地握緊了手，告訴自己，自己一定能站起來，而且要站得比在福特穩。

1983 年 8 月 15 日，他把高達 8 億 1348 萬多美元的支票，交到銀行代表手裡。克萊斯勒還清了所有債務，克萊斯勒公司起死回生，並隨之擠進美國汽車行業三強，創造了美國商界的奇蹟。而恰恰是 5 年前的這一天，亨利·福特開除了他。他就是時代的驕子 —— 艾科卡（Lido Anthony Iacocca）。

孩子們的跌倒與艾科卡的跌倒相比，似乎是不值一談。但無論什麼樣的挫折，都應該讓孩子有雙堅強的手，才能握著堅強前行，才能去創造出成功的奇蹟。

那麼怎樣才能讓孩子有一雙堅強的手呢？

駱駝與仙人掌

一望無垠的沙漠，駱駝像哲學家一樣，一邊踱著步子，一邊沉思……

沙漠裡、沒有水、沒有草，有時風沙漫天，難辨方向。駱駝總是堅忍不拔地向前走去，走去。

一天，駱駝在沙漠裡發現了一棵仙人掌，驚異地停步問道：「小東西啊，你怎麼能夠在這乾燥的沙漠中生活？」

仙人掌笑著反問道：「嘻！大塊頭啊，你怎麼能在沙漠中行走？」

駱駝說：「我嘛，因為我能吃苦耐勞，經過長期的鍛鍊形成了適應沙漠生活的特殊習性和機能，所以我能在沙漠裡行走。你呢？」

仙人掌說：「我嗎？還不是和你一樣，因為經過長期的鍛鍊，養成了抗旱耐渴的習性，形成了適應沙漠生活的特殊機能，所以能在沙漠中生活。」

駱駝又奇怪地問；「你為什麼滿身是刺？」

仙人掌矜持地回答；「就因為我滿身生刺，才不致被動物吃掉。刺是我的葉子，這樣的葉子就不會使身體裡貯藏的水分蒸發掉，所以我在沙漠裡不怕乾旱，能夠活下來。」

駱駝聽了點點頭，帶著敬意繞過仙人掌，向前走去，伴著沉思：「不錯，凡是能在艱苦環境中生存下來的，都是經過無數次的磨練，具有百折不撓、戰勝一切的意志。」

為什麼仙人掌能夠在惡劣的沙漠中生存呢？因為它歷經挫折的打磨，具備了堅強的意志與非凡的本領。也許，將社會比作惡劣的沙漠並不太貼切，但不容忽視的是：孩子長大後，面對的將是一個競爭異常激烈的社會，他得趁早成為一棵「仙人掌」。

鋼鐵是怎樣煉成的

奧斯特洛夫斯基（Nikolai Alexeevich Ostrovsky）是一名紅軍戰士，他在一次戰鬥中受了重傷。由於他受傷過重和忘我地工作，再加上接連生了傷寒和風溼病，奧斯特洛夫斯基的健康糟透了，長期躺在病床上。

疾病一寸寸蠶食著奧斯特洛夫斯基的身體，他不能動彈，視線也變得模糊了，但是，他依然保持著堅強的意志，並且決定用新的武器——寫作來戰鬥。

因為只上過小學，所以寫作對奧斯特洛夫斯基來說，是一件很困難的事情。為了充實自己，他頑強地克服疾病所造成的困難，拚命地讀書。人們都叫他是「發狂的讀者」。

1930年，奧斯特洛夫斯基的雙眼完全失明了，胳膊除了肘部以下部分還能勉強活動外，全身都不能動彈。在經過3年的準備後，奧斯特洛夫斯基咬緊牙關，開始創作《鋼鐵是怎樣煉成的》。

他每寫一個字都異常痛苦，哪怕一次輕微的活動，關節都會疼得厲害。奧斯特洛夫斯基以頑強的毅力忍受著這種痛苦，不斷地寫著。因為看不見，摸索著寫出來的字，別人簡直沒辦法辨認：不但字寫得歪歪倒倒，而且字上疊字。

後來，他想出一個辦法：用厚紙板刻出一行行的空格，他沿著空格寫，字就不會重疊了。為了儘早將書稿寫完，他不分

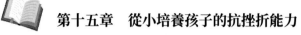

白天黑夜，不停地寫。有時，為了忍受劇烈的疼痛，他把嘴唇都咬出血來，卻從未想過要停止寫作。

經過兩年多的艱苦創作，1936 年 6 月，《鋼鐵是怎樣煉成的》這部著作終於順利完成。

原來，鋼鐵就是這樣煉成的！是在一次次與命運的搏鬥中煉成的。百煉成鋼，孩子，當鍛鍊與考驗光臨時，請勇敢面對。

挫折是條狗

古時候，有兩個商人，他們多年經商成功，一帆風順，但都不知道狗是什麼樣子的。

第一個商人膽子十分小。一天，他在街上看到有人賣「挫折」，就跑去問：「這小東西滿可愛的，叫什麼呀？」賣狗的人說：「它叫『挫折』，你要嗎？」商人迫不及待地回答：「要、要、要！」他付了錢，並要求賣狗的人把「挫折」送到家裡去。

賣狗的人走後，他上前撫摸挫折，而挫折凶狠地叫了一聲：「汪！」嚇得他渾身發抖。他以為自己太高，令「挫折」不滿意，便伏下身子爬到「挫折」面前。

誰知剛伸出手要撫摸它，「挫折」便咬斷了他兩根手指頭，商人跑出房屋，滿山坡奔跑，「挫折」在後面追。商人一慌，墜落進河溝，「挫折」還不依不饒地叫了數聲才離開。商人被救上岸時，差點兒斷了氣。

另一個商人在路上碰見了挫折，他也不知道它是什麼動

物。便小心翼翼地上前，想撫摸它那光滑的皮毛，可挫折凶狠地叫了一聲：「汪！」還要撲上來撕咬他，勇敢的商人拿起馬鞭向它狠狠地抽了兩下，它便老實了，從此對商人服服貼貼。

一天，這兩個商人一起去廟裡進香拜佛，他們要告辭時，其中一位商人問老和尚：「老師父，拴在樹邊的那個小動物叫『挫折』，它到底是什麼動物啊？」老和尚笑了笑，說：「人的一生有很多的挫折，其實，挫折就像一條狗！你要怕它，它就凶狠；你要不怕它，它就馴服！」

孩子，當你被挫折纏上時，千萬不要屈服、怯懦，要揮起「鞭子」猛抽它，它便會老實。因此，挫折就是條狗，專門欺侮弱者，卻屈服於強者。

殘疾總統羅斯福

富蘭克林‧羅斯福（Franklin Delano Roosevelt）是美國人公認最偉大的總統之一。他帶領美國度過了 20 世紀兩個最艱難的時期：經濟大蕭條和第二次世界大戰；他還是美國唯一連任四屆的總統。

令人難以置信的是，一位如此偉大的政治家，竟是一位身障人士。他在 39 歲那年，患了一種「娃娃病」──小兒麻痺症，致使他下肢癱瘓。然而，他卻以驚人的意志和毅力，頑強地與病魔搏鬥，勇敢地在政治階梯上不斷攀登。

羅斯福對從政有著崇高理想和強烈願望。他 28 歲時已是

美國海軍部助理部長；38 歲時已成為美國民主黨的副總統候選人。但天有不測風雲，一年後他染上脊髓灰質炎，俗稱小兒麻痺症，導致下肢癱瘓。對於年近四十的人來說，這是一個沉重的打擊。而對於一個政治人物來說，成為身障人士幾乎等同於宣判他政治生涯的結束。

面對人生這一巨大挫折，羅斯福表現出極大的勇氣。住院期間，他已得知自己病情的嚴重程度：雙腿麻痺的症狀將永遠無法治癒，終生不可能像健康的人那樣走路了。

在很長的時間裡，他忍受著肉體和精神上的極大痛苦，幾乎每天都在接受一個又一個的治療措施，他學會了操縱輪椅，掌握了一些移動身子的新方法，經常連續幾小時鍛鍊身體，力圖透過不斷地鍛鍊來恢復體力。

可是經過近三年的努力，羅斯福的雙腿仍不聽使喚。此時，他母親極力主張他回到紐約州自己的莊園，像他父親那樣做一輩子鄉紳，悠閒地度過餘生。但羅斯福的目標仍很明確 —— 成為美國總統。他不會因身體的殘疾而自卑、而改變他的人生理想。

有一天他告訴家人說，他要給家人表演上樓梯。可是一個下半身癱瘓的人，怎麼能上樓梯呢？只見他先用手臂的力量，撐起自己的身體，挪到臺階上，然後再把腿拖上去，就這樣一階一階艱難緩慢地爬上樓梯。

「你這樣在地上拖來拖去的，給別人看見了多難看。」他的母親阻止他說。

「我必須面對自己的厄運，堅強地站起來，我才能抓到成功的機遇。」

由於他不懈的努力，終於在 46 歲時當選為紐約州的州長。四年後，他又勇敢地角逐美國總統寶座，並以高票當選。

相對於羅斯福的「小兒麻痺症」，很多所謂的挫折都會黯然失色。站起來，孩子，像羅斯福一樣，勇敢地站起來！

▌給家長的悄悄話

現在不妨請你先來回答一個問題：一天傍晚，你的孩子回家時一身的泥汙，腿上還有一些小傷口，當你得知從來不會踢球的孩子，是因為在學校踢足球而弄髒了衣服、受了皮肉之苦時，你會不會責怪你的孩子？

可能多數母親會選擇「責怪」這個答案。責怪之後，還會因為憐愛而警告孩子，下次不准再這樣。當然，孩子的髒衣服也由媽媽代洗了。

真正懂得兒童教育的人會給出完全不同的答案，她們會反問：「為什麼要責怪呢？應該鼓勵孩子去嘗試這個運動呀！」至於弄髒了衣服、弄破了皮肉，「沒關係，我會教你如何清洗、如何上藥，你自己去解決問題。」不經歷風雨，怎能見彩虹？

沒有挫折，就不會成長。

　　傳統的家長是最愛孩子的，但又是最不會愛孩子的。傳統的家庭教育不太鼓勵孩子去嘗試他們從未做過的事情，尤其是當這種嘗試很可能導致失敗的時候，家長更不敢輕易讓孩子去體驗了。

　　而如果孩子背著家長嘗試了某件事情，最終沒有成功，而且造成了一定身心損失時，家長往往會對孩子選擇指責，甚至棒棍相加。這些家長需要反思的是：在孩子成長的最初階段，孩子學走路時跌倒了，家長會鼓勵孩子爬起來再走，再跌倒了就再爬起來並且再鼓勵，沒有一個家長因為孩子跌倒就放棄讓孩子學走路；那麼為什麼隨著孩子逐漸長大，家長反而主動放棄了這種「鼓勵教育」了呢？

　　家長們應當從孩子小的時候就給他一定的空間，讓他大膽探索、嘗試。當孩子出於好奇等原因而去嘗試做一件新鮮事情時，在不違反基本社會道德準則的前提下，請抱持鼓勵的態度，解除孩子的心理負擔。其次，如果條件許可，不妨給孩子出些點子，幫助提高孩子嘗試的成功率。即使孩子的嘗試沒有成功，也不應該給孩子潑冷水。

親子加油站：挫折教育並非冷酷無情

經常有文章強調：父母在孩子摔倒時絕對不要去扶。這話對，但也不全對。我們要將事情具體分析，如果不管摔傷與否都「絕對」不能去扶，恐怕有點絕對化，也過於武斷。

需要我們注意的是，孩子在遇到苦難挫折需要幫助時，如果父母總是拒絕出手幫助，他會感到親情的淡漠、人情的冰冷。這樣，孩子長大後可能會疏遠自己的親人，看到比他弱小的人遇到苦難時，也很可能會漠然處之、袖手旁觀。

電子書購買

國家圖書館出版品預行編目資料

教孩子挫折，從故事講起：虛擬性困難 × 激勵
性困難 × 保護性困難，不經一「事」不長一智，
受到打擊也會馬上爬起！ / 方佳蓉，陳添富編
著 . -- 第一版 . -- 臺北市：崧燁文化事業有限公
司 , 2023.01
面；　公分
POD 版
ISBN 978-626-332-911-9(平裝)
1.CST: 親職教育 2.CST: 子女教育
528.2　　111018622

教孩子挫折，從故事講起：虛擬性困難 × 激勵性困難 × 保護性困難，不經一「事」不長一智，受到打擊也會馬上爬起！

臉書

編　　著：方佳蓉，陳添富
發 行 人：黃振庭
出 版 者：崧燁文化事業有限公司
發 行 者：崧燁文化事業有限公司
E - m a i l：sonbookservice@gmail.com
粉 絲 頁：https://www.facebook.com/sonbookss/
網　　址：https://sonbook.net/
地　　址：台北市中正區重慶南路一段六十一號八樓 815 室
Rm. 815, 8F., No.61, Sec. 1, Chongqing S. Rd., Zhongzheng Dist., Taipei City 100,
Taiwan
電　　話：(02) 2370-3310　　傳　　真：(02) 2388-1990
印　　刷：京峯彩色印刷有限公司（京峰數位）
律師顧問：廣華律師事務所 張珮琦律師

定　　價：350 元
發行日期：2023 年 01 月第一版
◎本書以 POD 印製